LES
MYSTÈRES
DE LONDRES

PAR

SIR FRANCIS TROLOPP.

IV

PARIS,
AU COMPTOIR DES IMPRIMEURS-UNIS,
QUAI MALAQUAIS, 15.
—
1844

LES
MYSTÈRES
DE LONDRES.

Ce roman ne pourra être reproduit qu'avec l'autorisation de l'éditeur.

Paris. — Imprimerie de BOULÉ et C*, rue Coq-Héron, 3.

LES
MYSTÈRES
DE
LONDRES

PAR

SIR FRANCIS TROLOPP.

IV

PARIS,
AU COMPTOIR DES IMPRIMEURS-UNIS,
QUAI MALAQUAIS, 15.

1844

DEUXIÈME PARTIE.

LA FILLE DU PENDU.

L'HOTELLERIE DU ROI GEORGE.

Nous avons pris congé de nos lecteurs au moment où miss Mary Trevor, trompée comme son père par la scène muette jouée par Susannah au chevet de Frank Perceval, consentait à donner sa main au marquis de Rio-Santo.

Après cette scène, nous avions brusquement quitté les salons de Trevor-House pour la modeste chambrette des deux misses Mac-Farlane que Bob-Lantern, — le cher garçon, comme l'appelait le bon capitaine Paddy O'Chrane, — conduisit et laissa dans une chambre de l'hôtellerie du *Roi George*, bâtie sur pilotis, le long de la Tamise.

Master Gruff, nous l'avons dit, occupait dans sa maison une position analogue à celle du mari de la reine dans un état constitutionnel affranchi de la loi salique : il avait le droit imprescriptible d'accomplir du matin au soir les volontés de sa femme, et Dieu sait que la tâche était lourde ! Mistress Gruff eût fait sur un trône une reine sèche, laide, noire et capricieuse au dernier degré ; à son comptoir, elle faisait une aubergiste passable, douce au chaland, souriant au public, terrible à son époux, lequel, par une sorte de bascule conjugale supérieurement établie, gagnait à chaque sourire une rebuffade, à chaque révérence une malédiction.

C'était un prix fait. Mistress Gruff aurait eu scrupule de ne point épancher avec soin sur lui la bile qu'elle épargnait à ses pratiques.

Il y avait une heure environ qu'Anna et Clary Mac-Farlane étaient arrivées à l'hôtel du *Roi George*. Elles étaient toujours assises devant la table préparée pour le dîner et attendaient impatiemment la venue de leur père.

De temps en temps un pas furtif se faisait entendre dans le corridor, et une étoffe de robe frémissait en frôlant la porte, comme si quelqu'un se fût approché de la serrure pour voir ou pour écouter.

Le vent du soir bruissait au dehors. On voyait parfois passer, comme de noirs fantômes, derrière les carreaux poudreux de la haute fenêtre, les épaisses spirales de la fumée des steamers remontant ou descendant le fleuve ; on entendait le cri triste et cadencé des *watermen*, tournant le cabestan de leur navire, le lointain grincement de la grue des *lightermen* (débardeurs) et le murmure plus lointain encore des mille voitures qui raient incessamment le pavé de Londres.

Ce n'était là rien de bien extraordinaire. Ces sons devaient être familiers aux oreilles des deux sœurs; mais il est des instans où tout est matière à lugubre rêverie.

Anna et Clary avaient commencé d'abord par s'entretenir gaîment de leur père beaucoup, de Stephen un peu et de ces doux châteaux que les jeunes filles sont si habiles à bâtir sur le sable mouvant de l'avenir ; — puis, la solitude aidant et aussi le monotone concert dont nous avons essayé de décrire les diverses parties, elles s'étaient insensiblement attristées. Un poids leur était venu sur le cœur.

La chambre où elles se trouvaient était vaste. Un grand lit à ciel et à rideaux fermés formait, avec les chaises, la table et un secrétaire de tournure antique, tout le mobilier de l'appartement qui, grâce à cette nudité, semblait plus vaste encore. La nuit était noire, et une seule bougie noyait sa lueur tremblante dans les ténèbres de cette pièce dont les sombres lambris n'avaient point de reflet.

Clary, sérieuse et pensive, regardait avec distraction la fenêtre où apparaissait à de longs intervalles la lueur rapide d'un paquebot lancé à pleine vapeur. Anna, réellement effrayée, mais n'osant pas se plaindre, avait mis sa tête entre ses mains, et tâchait de se croire dans la maison de sa tante, sous la haute protection de son cousin Stephen Mac-Nab.

— Clary ! dit-elle enfin à voix basse et sans découvrir son visage.

Clary tourna vers elle son regard triste, mais calme.

— N'as-tu point peur ? reprit Anna ; — que cette chambre est sombre et froide, ma sœur !... Il doit être tard... Et cet homme, maintenant que j'y pense, — oh ! tu avais raison, Clary ! — cet homme qui nous a amenées ne ressemble pas au bon Duncan de Leed !

—Tu le reconnaissais si bien ! dit Clary en souriant.

— Je ne sais... Duncan n'a pas cet œil fauve qui sourit en cachette derrière de gros sourcils abaissés... Je voudrais quitter cette maison, Clary.

— Et notre père qui va venir, petite folle!... Allons! rassure-toi... Que peut-on craindre à cette heure au milieu de Londres éveillé?

— Je ne sais, dit encore Anna d'une voix tremblante; — j'ai peur... Jamais je n'ai eu si grand'peur!

Comme elle achevait ces mots, un bruit se fit à la porte, et la pauvre enfant se serra frissonnante contre sa sœur, dont le noble front ne perdit point sa sérénité.

La porte s'ouvrit. Mistress Gruff entra, munie de son plus avenant sourire et accompagnée de master Gruff, dont le visage renfrogné semblait enduit d'une couche toute nouvelle de mauvaise humeur.

Mistress Gruff portait un potage ; master Gruff tenait à la main une cruche de *scotch ale* (bière d'Ecosse), dont la mousse eût réveillé le sentiment national chez un lowlander défunt depuis trois jours.

— Eh bien ! mes belles demoiselles, dit mistress Gruff avec une révérence aimable, le laird se fait attendre ce soir. Il nous avait promis d'être de retour à six heures au plus tard... C'est étonnant.

— C'est étonnant ! gronda master Gruff en attachant son gros œil rouge sur Anna.

— Mon ami, dit tendrement mistress Gruff, taisez-vous... posez votre cruche... et allez-vous-en !

Le bonhomme exécuta cet ordre en trois temps.

— Allons, allons, mes gentilles demoiselles, reprit gaîment l'hôtelière quand son mari fut parti, — le laird ne peut tarder désormais... Mangez et buvez en l'attendant, croyez-moi.

Clary fit un geste négatif.

— De la bière d'Ecosse, mon enfant ! s'écria mistress Gruff qui emplit le verre des deux sœurs ; — de la vraie bière de Saint-Dunstan, sur ma parole !... Il faut goûter cela, mes filles ; cela sent le bon pays, ou je ne suis pas une chrétienne !... Mais j'y pense ! peut-être aimeriez-vous mieux un petit doigt de whisky ?

— Nous attendrons notre père, dit Clary, de manière à mettre un terme à ces patriotiques invitations.

Mistress Gruff accueillit ces froides paroles par un sourire angélique qui laissa voir une rangée de dents du plus beau brun.

— Ma jolie demoiselle, répondit-elle, ce sera bien certainement comme vous voudrez.... mais la bière est bonne, sur mon salut!... aussi bonne que jamais bière brassée de l'autre côté du Solway.

Mistress Gruff salua et redescendit l'escalier.

—- Monsieur Gruff, s'écria-t-elle en entrant dans la salle du rez-de-chaussée, je souhaite que Dieu vous conserve pour ma punition en ce monde... Ne pouviez-vous m'aider à persuader ces péronnelles ?...

— Vous m'avez dit de me taire... commença le rude hôtelier.

— Je vous le dis encore, riposta vertement sa douce femme. — Ah! monsieur Gruff, je donnerais une jolie somme à quiconque me dirait à quoi vons êtes bon en ce monde !... Je le ferais sur ma parole, monsieur !... Voyez-vous ce qui arrivera ?... Ces donzelles ne boiront pas... elles resteront éveillées comme des chattes au mois d'avril... Monsieur, ne m'entendez-vous pas ?

— Ma bonne amie...

— On se tait, monsieur, quand on ne sait dire que des sottises !... Ah ! je suis à plaindre, Dieu me voit !... Et que dira maître Bob qui nous a payés d'avance ?... Lui rendrons-nous ses vingt livres, répondez-moi ?

— Lui rendre ses vingt livres, Baby ?

— Je vous le demande, master Gruff.

— Ma foi, Baby, je suppose...

— Ne vous ai-je pas supplié de vous taire! s'écria l'avenante hôtesse ; pour Dieu! épargnez-moi donc un peu... Ah! si j'avais un autre mari !... mais ce qui est fait est fait !

Cela était fait depuis une vingtaine d'années.

Master Gruff baissa timidement son terrible regard et n'osa plus risquer la moindre parole. Sa femme le contempla durant une minute avec un souverain mépris; puis, fatiguée sans doute de n'avoir point à qui parler, elle remonta tout doucement l'escalier qui conduisait à la chambre des deux jeunes filles.

Arrivée sur le carré, elle appliqua discrètement son œil à la serrure. Mistress Gruff portait une robe de soie agrafée jusqu'au menton, comme toute méthodiste de quelque vertu doit le faire. Cela nous explique ce frôlement qu'on entendait parfois de l'intérieur de la chambre, car le moindre défaut de mistress Gruff était d'être fort curieuse, et ce soir-là elle avait mis fréquemment son petit œil souriant à la serrure.

Par le trou, elle voyait parfaitement, mais elle ne pouvait entendre, circonstance d'autant plus déplorable que les deux sœurs s'entretenaient justement d'elle.

L'effroi d'Anna s'était en effet un peu calmé, et le sourire aimable de l'hôtesse n'avait pas peu contribué à ce résultat. Ravivée par la vue d'une figure qu'elle devait croire amie, la jeune fille avait repris tout-à-coup une bonne part de sa gaîté native. La pièce où elle se trouvait ne lui semblait plus si sombre; les bruits du dehors arrivaient à son oreille dépouillés de ce lugubre prestige que leur avait prêté naguère son imagination effrayée.

Une nuance d'inquiétude était venue assombrir au contraire le beau visage de Clary; on eût dit que la vue de la riante hôtesse eût troublé sa sérénité.

— Pourquoi avoir renvoyé cette bonne femme? dit enfin Anna; elle a l'air si doux et si poli!... Je n'ai plus peur... Maintenant je pourrais attendre jusqu'à minuit sans trembler.

— Jusqu'à minuit! répéta Clary dont les sourcils se froncèrent légèrement; — Dieu veuille que notre père arrive!... As-tu remarqué cette femme, ma sœur?

— Certes, Clary, et je l'aurais embrassée de toute mon âme... Je commençais à étouffer de peur.

— Ne trouves-tu pas, reprit Clary comme si elle eût pensé tout haut, qu'il y a dans son regard quelque chose d'étrange?

— D'étrange?... non, en vérité... Quelque chose de fort avenant...

— Son sourire m'a fait mal, dit Clary à voix basse.

— Il m'a fait grand bien à moi, ma sœur... Mais comme te voilà pâle... et sérieuse... et triste!... Craindrais-tu quelque chose, Clary?

La peureuse enfant perdit à ce mot toute sa gaîté et vint se serrer de nouveau contre sa sœur.

Clary ne répondit point.

— Méchante! dit Anna; j'étais rassurée et voilà que tu m'effraies encore!

Clary la regarda d'un air indécis, et lui prit les mains en s'efforçant de sourire.

— Notre père va venir, dit-elle.

— Oh! oui! notre bon père! s'écria Anna ; nous allons le revoir... peut-être nous emmènera-t-il dans notre chère Ecosse avec...

— Avec Stephen? acheva Clary en raillant doucement.

Anna devint toute rose.

— Avec ma tante, murmura-t-elle... et mon cousin, si... s'il lui plaît de venir.

— Cela lui plaira, chère sœur... Mais notre père tarde bien à rentrer!

Clary prononça ces derniers mots avec une inquiétude si réelle, qu'Anna se sentit involontairement frémir. La pauvre fille était habituée à subir d'instinct les impressions de sa sœur dans toutes les occasions où sa naïve et charmante gaîté ne protégeait point la faiblesse enfantine de son caractère. Elle interrogea le visage de Clary d'un regard anxieux, et sa frayeur passée revint tout-à-coup avec plus de violence.

Clary souffrait, et son malaise, pour n'être point de la même nature que celui d'Anna, avait aussi pour base une irrésistible frayeur. Le retard de son père lui semblait inexplicable : elle craignait pour lui, d'abord ; mais elle craignait aussi pour sa sœur et pour elle, car elle se souvenait de ses doutes récens sur le prétendu Duncan de Leed, et ces doutes, à mesure qu'elle réfléchissait davantage, prenaient corps dans son imagination, au point de ressembler presque à une certitude.

. On parlait beaucoup, en ce temps, d'enlèvemens mystérieux, d'attentats impies, et la terrible renommée des *burkeurs*, résurrectionnistes et autres spéculateurs de la mort, troublait bien souvent le sommeil des jeunes filles.

Clary avait donc quelque raison de craindre, perdue qu'elle était avec sa sœur dans une hôtellerie inconnue où elle avait été conduite par un homme désormais suspect ; mais la crainte ne pouvait vaincre long-temps cette noble nature, et Clary reprit bientôt le dessus. Il lui suffit pour cela d'un regard jeté sur sa jeune sœur. La pauvre Anna, brisée par sa vague terreur, avait penché sa jolie tête sur sa main et semblait près de défaillir.

Clary prit sa main froide et la serra doucement entre les siennes.

— Ne dirait-on pas que nous sommes au fond d'une caverne de brigands ! murmura-t-elle ; — j'ai voulu voir si tu étais plus brave qu'autrefois, Anna... Rassure-toi... nous sommes ici aussi bien gardées que dans notre maison... Ah ! que Stephen rirait, petite poltronne, s'il te voyait trembler ainsi.

Anna releva la tête et crut que Clary n'avait plus peur, ce qui lui rendit soudain tout son courage,

— Tu as bien froid, reprit Clary; veux-tu que nous dînions en attendant?

— As-tu donc faim, ici, toi, Clary? demanda Anna avec admiration; — moi j'ai encore un poids sur la poitrine... Ne pourrais-je avoir un peu d'eau?

Ses joues pâles s'animèrent et sa petite bouche prit une expression d'espiéglerie.

—Que vais-je parler d'eau ! s'écria-t-elle en saisissant le long verre en cornet où la bière d'Ecosse achevait de perdre sa mousse épaisse ! voici de quoi me donner du cœur; Clary, buvons à la santé de notre père !

Elle but une grande gorgée.

Un faible bruit se fit à la porte.

— Elle est bonne, reprit Anna ; Effie de Leed n'en brassa jamais de meilleure.... N'es-tu plus Ecossaise, Clary?... je te somme de répondre à ma santé.

Clary, heureuse d'entretenir sa sœur dans ces idées de gaîté, prit à son tour le verre qui était devant elle et but.

Cette fois, on entendit fort distinctement le bruit d'un pas qui s'éloigna dans le corridor pour se perdre bientôt le long des degrés de l'escalier.

Ce pas appartenait à la douce mistress Gruff, dont l'œil discret n'avait pas quitté la serrure durant toute la scène que nous venons de raconter.

— Elles ont bu, elles ont bu, les deux chères colombes ! s'écria-t-elle en s'élançant dans la salle basse où master Gruff ronflait auprès du feu en l'attendant ; — elles ont bu toutes les deux, comme de braves filles de l'Ecosse !

Master Gruff se réveilla en sursaut.

Dans toute autre circonstance moins favorable, cet aubergiste eût très positivement porté la peine de ce sommeil intempestif, car mistress Gruff était une femme sévère ; mais en ce moment, tout entière à sa joie, elle se montra clémente et se contenta de secouer rudement son époux.

—Qu'y a-t-il, ma bonne amie, qu'y a-t-il? demanda le mari constitutionnel.

— Il y a, master Gruff, masse inutile et stupide! — il y a, — effronté fainéant! — il y a que les filles du laird ont bu l'eau de M. Bob.

— Elles ont bu, ma bonne amie?

— Elles ont bu, et du diable si elles n'attendront pas maintenant patiemment la venue du laird, — qui chasse le coq à l'heure qu'il est dans les bruyères du Teviot-Dale.

— Il est bien tard pour chasser le coq, murmura master Gruff.

—Tard ou tôt, peu m'importe! s'écria

aigrement l'hôtesse; — ce qui est certain, c'est que le laird est à deux cents milles de l'hôtellerie du *Roi George*, et que...

Tandis que mistress Gruff parlait encore, la porte de la rue s'ouvrit brusquement, et un homme, soigneusement enveloppé dans un plaid écossais, entra dans la salle basse de l'auberge.

En entrant, il rejeta en arrière les draperies bariolées de son plaid.

Mistress Gruff n'acheva pas sa phrase commencée : elle tomba comme frappée de la foudre sur l'escabelle qui faisait face à celle de son mari.

— Le laird ! murmura-t-elle avec effroi : c'est le diable qui l'amène !

II

DEUX ANGES AU BORD D'UN PRÉCIPICE.

L'homme qui venait d'entrer dans la salle basse de l'hôtel du *Roi George,* pouvait avoir une cinquantaine d'années et paraissait beaucoup davantage. En se débarrassant du plaid qui entourait ses épaules et couvrait en partie son visage, il laissa voir une de ces figures sanguines où la pâleur ne peut s'asseoir qu'après des années de martyre.

Cette figure était pâle, cependant.

Elle portait écrite en lisibles caractères, sur chacun de ses traits, toute une longue histoire de souffrance sans remèdes, d'indécisions cruelles, d'angoisses, d'aspirations et de mortels combats livrés au fond du cœur par la sauvage énergie de passions indomptées.

Les menteurs habiles ont soin de se rapprocher le plus possible de la vérité dans leurs inventions. Ils obtiennent ainsi une sorte de *couleur locale* dont les gens sans défiance sont aisément les dupes. Bob-Lantern, qui était un menteur de premier ordre, n'avait eu garde de mettre en oubli ce principe élémentaire du métier. Parmi tous les hôtels suspects où il eût trouvé des facilités égales pour l'accomplissement de son diabolique dessein, il avait choisi celui de master Gruff, parce que Augus Mac-Farlane y descendait réellement d'ordinaire dans ses voyages à Londres. Bob avait côtoyé ainsi la vérité de bien près, — de si près que le moindre hasard pouvait changer la vraisemblance en bonne et matérielle vérité.

Là était l'écueil. Bob avait compté sans le hasard, et le hasard, inopportun auxiliaire, se chargea de réaliser sa fiction. Bob se trouva avoir dit vrai bien malgré lui : le père et les filles étaient rassemblés sous le même toit.

L'homme qui venait d'entrer était en effet le laird Angus Mac-Farlane, du château de Crewe.

Il avait l'air triste et puissamment préoccupé ; mais cette tristesse n'était point de celles qu'un accident fortuit met sur un visage et que le premier bon vent de gaîté dissipe ; c'était évidemment une tristesse chronique, fruit de longs et incessans soucis. Ses yeux grands et d'un pur modèle étaient creusés et rougis, comme si ses mâles paupières eussent eu l'habitude des larmes. Son front plissé ne s'entourait plus que d'une diaphane couronne de cheveux étiolés ; sa bouche, dont les lignes se brisaient avec une régularité irréprochable, gardait à ses extremités un pli profond, hiéroglyphe de souffrance, où il y avait bien de l'amertume et bien de la douleur.

Deux caractères contradictoires se disputaient pour ainsi dire l'expression de sa physionomie. C'était d'abord une énergie native dont le feu généreux réchauffait vivement par intervalles l'ensemble de ces traits ravagés ; — mais c'était aussi une lassitude désespérée, un découragement morne, quelque chose de cette fatigue accablante qui prend le soldat plusieurs fois terrassé.

Il avait combattu contre autrui ou contre lui-même, pour une cause juste ou non ; il avait combattu jusqu'à épuisement de forces, peut-être combattait-il encore. Mais il portait au front le signe de la défaite : c'était un soldat vaincu.

L'arrivée du laird en un pareil moment fut un véritable coup de foudre pour le digne couple. Mistress Gruff, comme nous l'avons dit, tomba sur une escabelle, tandis que son époux ouvrait de gros yeux stupides et tordait à pleines poignées les poils rigides de ses favoris roux.

Angus ne prit point garde à leur émotion. Il approcha du feu ses brodequins trempés de pluie et jeta sur la table sa toque ornée d'une branche d'if.

— Je suis las, dit-il, préparez ma chambre.

— Votre chambre ! répéta Gruff en grondant ; — votre chambre, Mac-Farlane !... Du diable si je m'attendais à vous voir ce soir... Oui, Mac-Farlane... ou Votre Honneur, comme on vous appelle maintenant, ma foi ! — Du diable si je m'y attendais !

— Ma chambre est-elle prise ? demanda le laird.

— Prise ?... Dieu merci, Mac-Farlane, il y a plus d'une chambre au *Roi George*... et quant à la vôtre...

— Mon ami, taisez-vous ! interrompit doucement l'hôtelière, qui avait eu le temps de se remettre et dont le sourire brillait d'un nouvel éclat.

— Ah! Votre Honneur a voulu nous surprendre... Et comment vous portez-vous?... et quelles nouvelles du pays, s'il vous plaît?

Ceci fut dit avec une volubilité très grande et d'un air qui voulait être joyeusement cordial.

— Je me porte mal, répondit froidement le laird, — et je ne sais point de nouvelles... Ne voulez-vous pas préparer ma chambre?

Master Gruff allait prendre la parole; sa femme lui ferma la bouche d'un geste.

— On gagne sa vie comme on peut, Votre Honneur, dit-elle d'un ton insinuant où per-

çait pourtant une légère nuance de raillerie ;
— tout le monde n'a pas reçu comme vous en héritage un bel et bon château qui rapporte plus de livres que nous ne gagnons de shellings... Votre chambre nous sert à faire un petit commerce sur la Tamise, et en ce moment même nous y avons quelques ballots...

— Otez-les ! dit Mac-Farlane avec impatience.

— Il y a d'autres chambres, pardieu ! gronda Gruff avec mauvaise humeur.

— Mon ami, dit mistress Gruff, — il faut vous taire... Son Honneur a bien le droit de choisir la chambre qui lui plaît, je pense... Prenez un peu de patience, monsieur Mac-

Farlane... Dans une petite demi-heure tout sera prêt... Vous ferai-je servir à dîner en attendant?

— Je mangerai dans ma chambre, dit le laird; — que vos gens se dépêchent, madame!

— Toute ma maison est aux ordres de Votre Honneur, répliqua mistress Gruff, dont rien ne pouvait troubler l'inaltérable aménité; — je cours et je reviens, monsieur Mac-Farlane... c'est l'affaire d'un petit quart d'heure.

Elle se leva et pinça fortement en passant le bras de son mari, qui étouffa un grognement de douleur.

— Tâchez de l'amuser, glissa-t-elle à son oreille, — et quand je tousserai là-haut, montez.

Master Gruff fit un signe d'obéissance.

Angus Mac-Farlane s'assit sur l'escabelle que venait de quitter l'hôtesse et s'approcha du feu.

— Diablement froid, le temps, aujourd'hui, Mac-Farlane, commença brusquement master Gruff, qui avait à cœur d'obéir à sa souveraine et d'*amuser* le laird ; — un froid de tous les diables !... Hum !... Vous me direz : c'est le temps de la saison... Mais il y a froid et froid... Hum !... hum !... et j'ai vu des jours d'hiver où le vent était doux comme... très doux, pardieu, chacun sait cela... Voulez-vous prendre une prise d'*irish snuff* (1), Mac-Farlane?

Master Gruff tendit sa boîte ouverte et s'aperçut seulement alors que le laird ne l'écoutait pas. Il poussa un long soupir de soulagement.

— Le voilà parti! murmura-t-il en souriant lourdement ; maintenant on pourrait lui voler sa main droite sans que la gauche s'en aperçût... C'est égal! je voudrais bien que l'affaire fût faite là-haut...

Le laird avait croisé ses deux mains sur ses

---

(1) Tabac d'Irlande, renommé par sa force et son odeur diabolique.

genoux. Sa tête se penchait en avant. Son œil morne et fixe semblait suivre la fumée épaisse et verdâtre qui s'échappait de la grille où mistress Gruff avait jeté de la poussière de houille avant de quitter la chambre, mais, en réalité, les yeux du laird ne voyaient ni la fumée, ni la grille, ni rien autre chose.

Il était absorbé dans ses pensées, et l'expression de son visage avait pris une teinte encore plus sombre que naguère. Ses sourcils s'étaient froncés ; sa respiration soulevait péniblement sa poitrine.

— Mac-Nab ! Mac-Nab ! murmura-t-il enfin d'une voix étouffée ; — pauvre frère !... Les sorts l'ont dit : mon sang doit te venger... mon sang doit le punir !...

Il s'arrêta et respira avec effort.

— J'attends du courage pour frapper, reprit-il plus bas, — j'attends... Pourquoi Dieu permet-il qu'on aime ceux qu'on devrait haïr ?...

— Ta ta ta ta ! grommela Master Gruff en bâillant ; — Dieu permet bien que mistress Gruff et moi nous nous détestions de tout notre cœur...

L'hôtesse, cependant, avait monté l'escalier à pas de loup et s'était remise en observation près de la porte de la chambre occupée par les deux sœurs.

Derrière cette porte se passait une scène

étrange et faite pour émouvoir le spectateur le plus indifférent. Mais mistress Gruff était depuis long-temps cuirassée contre la pitié. Elle avait remis son œil à la serrure et regrettait fort de ne pouvoir entendre les paroles prononcées et d'assister seulement à une pantomime.

C'était en vérité perdre la moitié du plaisir.

Voici ce qui avait lieu de l'autre côté de la porte :

La bière versée par mistress Gruff, — cette bonne bière de Saint-Dunstan, — contenait, à dose assez forte, l'eau que Bob-Lantern avait reçue de Bishop le burkeur à *The Pipe and Pot*. Cette eau n'était autre

chose que le narcotique puissant dont les résurrectionnistes avaient le secret, et qui servait à endormir les victimes de leur infernale
industrie. A peine les deux sœurs eurent-
elles bu quelques gorgées du *scotch ale* que
les effets du narcotique commencèrent à se
faire sentir. Elles éprouvèrent un bien-être
général et comme un soudain redoublement
de vie. Anna se prit à chanter un doux air
du pays; Clary donna ses pensées à leur
courant ordinaire, et, pour la première fois
depuis bien des jours, une lueur d'espoir
éclaira son âme.

Puis toutes deux sentirent le plancher de
la salle onduler sous leurs pieds. Elles étaient
entraînées par de lentes et molles oscillations

semblables au tangage d'un grand vaisseau par une mer tranquille.

Anna ferma les yeux en souriant, — Clary devint pâle tout-à-coup et fit effort pour reprendre l'équilibre. Un vague soupçon de la vérité venait de [traverser son esprit.

Alors l'état des deux sœurs présenta des symptômes opposés. Outre la différence de leurs tempéramens, il y avait désormais entre elles un abîme : Anna, la pauvre enfant, s'endormait heureuse, et Clary venait d'entrevoir vaguement l'horreur de leur situation.

Elle se raidit, parce que son cœur était fort. Un instant elle se sentit si vaillante, qu'elle défia le sommeil. Debout, le sein soulevé, l'œil en feu, amazone armée pour combattre un invincible ennemi, elle était belle comme cette beauté guerrière que sait peindre la mâle poésie du Nord. Tout homme, en la voyant si noble au bord de l'abîme, eût senti son cœur serré par cette respectueuse douleur qui est la pitié plus l'admiration. Son aspect eût mis du dévoûment dans l'âme la plus vulgaire, et un lâche eût trouvé le courage de la défendre.

Mais cette vigueur factice exigeait une tension trop violente, et sa durée fut courte. Par hasard, les yeux de Clary tombèrent sur Anna dont la tête souriante s'appuyait déjà, renversée, au dossier de son fauteuil.

Ce fut comme un choc magnétique. Clary

s'affaissa, inerte, sur son siége, et deux larmes coulèrent lentement le long de sa joue.

— Ma sœur! ma pauvre Anna! murmura-t-elle d'une voix déchirante.

Anna entendit; ses lèvres s'entr'ouvrirent.

— Il y a bien long-temps que je l'aime, dit-elle de cette voix heureuse et recueillie des gens qui ont souffert et qui voient le bonheur; — bien long-temps, Clary! Hier, j'ai cru que tu l'aimais... Oh! ma sœur, que j'ai pleuré pendant que tu dormais!...

Clary se pressa le front de ses deux mains crispées.

—Mon père! mon père! cria-t-elle avec violence; n'êtes-vous pas là pour secourir votre enfant!... Oh! que je sois perdue, moi, mon Dieu! — mais qu'elle soit sauvée!

Ce fut à ce moment que mistress Gruff, quittant la salle basse, vint se poser en observation derrière la porte. En voyant les deux sœurs immobiles, elle crut que tout était fini et fut sur le point de peser sur le pène, mais un mouvement d'Anna l'arrêta.

La plus jeune des deux sœurs se retourna en effet sur son fauteuil et tendit sa main dans le vide à un personnage imaginaire.

—Merci, merci, mon bon père, dit-elle; mon bonheur sera votre récompense...

Stephen m'aime tant! ajouta-t-elle avec pudeur; — et moi... oh! moi... C'est demain la noce... Je me tairai jusqu'à demain.

Clary ne pouvait plus pleurer. Son angoisse atteignait au délire. Chacune des paroles d'Anna lui perçait le cœur.

Elle voulait parfois espérer encore et se disait que ses craintes n'avaient de fondement que dans sa timidité de jeune fille. Mais l'effet du narcotique était si palpable dans la personne d'Anna, que le doute devenait impossible.

Et, sur elle-même l'effet, pour être moins complet, n'était-il pas en quelque sorte plus terrible? Elle résistait, mais elle était vaincue,

vaincue en connaissance de cause ; c'était un combat réel ; l'ennemi plus fort étendait sur elle sa main de plomb et la domptait.

Néanmoins, elle ne cédait point encore, parce que, si puissant que fût le narcotique, la quantité prise par chacune des deux sœurs avait été trop faible pour avoir un résultat immédiatement décisif. Mistress Gruff s'impatientait et maugréait derrière la porte, craignant sans cesse qu'il ne prît fantaisie au laird de monter l'escalier.

— Si elles pouvaient boire encore, les chères petites ! se disait-elle.

En ce moment, Anna, éveillée encore ou commençant à rêver peut-être, se reprit à chanter sa chanson d'Écosse d'une voix faible et entrecoupée. Le premier son de cette voix aimée fit tressaillir Clary et rendit un peu de force à son désespoir. Elle se leva, au grand étonnement de mistress Gruff, qui n'eut que le temps de donner un tour de clé à la serrure, et se dirigea vers la porte.

— Fermée! murmura-t-elle froidement, comme si elle se fût attendue à cette circonstance.

Ses jambes fléchissaient sous elle et son beau cou avait peine à soutenir le poids de sa tête alourdie. Elle traversa de nouveau la chambre en chancelant et s'approcha de la fenêtre.

Cette fenêtre, comme presque toutes celles de Londres, se composait de deux châssis superposés, destinés à glisser, l'un sur l'autre, de bas en haut. Clary essaya de soulever le châssis inférieur, comptant sans doute appeler du secours, mais la boiserie était bien pesante et veuve des contrepoids qui, d'ordinaire, permettent de faire jouer avec facilité ces disgracieuses et incommodes clôtures.

Clary, après deux ou trois efforts infructueux, laissa retomber ses bras le long de son corps et pencha la tête.

— Tâche, ma tourterelle, fatigue-toi, ma colombe, murmurait à part soi la bonne mistresse Gruff ; — plus tu travailleras, plus vite tu t'endormiras... je connais ça, Dieu merci !

— Comme Clary est heureuse de mon bonheur ! dit en ce moment Anna qui se souleva à demi, mais sans ouvrir les yeux. — Bonne sœur ! je voudrais qu'elle aimât un homme comme j'aime mon Stephen, car cet homme l'aimerait... Elle est si belle, Clary !...

En écoutant ces mots, l'aînée des deux jeunes filles demeura debout, droite et raide, comme si son sang se fût tout-à-coup figé dans ses veines. Une pensée nouvelle venait de traverser son esprit; et cette pensée était accablante.

—Mon Dieu ! mon Dieu ! dit-elle en tombant sans force sur ses genoux ; — je ne le verrai plus... et il m'aimait !

L'idée de la mort, car c'était la mort que Clary attendait, ne l'avait frappée jusque-là que par rapport à sa sœur ; son cœur s'était navré à l'image d'Anna, livrée aux funèbres attouchemens des experts de la Résurrection, cette infâme fabrique de cadavres, mais elle s'était oubliée elle-même.

Maintenant son désespoir s'accroissait de sa détresse personnelle. Son amour, ardent et jeune, passion soudaine, absolue, sans limites, que nous avons essayé de peindre dans la première partie de ce récit, venait brusquement rejeter au second plan la tendresse fraternelle.

C'était vers lui, vers lui, son espoir, son Dieu, qu'allaient s'élancer désormais les dernières aspirations de son agonie. Plus de calme, plus de résignation ; — des regrets, des pleurs, des cris de douleur infinie.

Elle s'agitait, impuissante, la pauvre fille, sur la poussière humide du sol. Des cris déchirans s'échappaient de sa poitrine oppressée. Elle souffrait comme il n'est pas donné à notre périssable nature de souffrir deux fois en une vie.

Anna souriait toujours à son rêve, et murmurait par intervalles des paroles d'extatique bonheur.

Cependant, mistress Gruff, effrayée des

plaintes de Clary, qui pouvaient arriver jusqu'aux oreilles du laird, descendit lestement l'escalier, et, du seuil, fit signe à son mari, qui s'approcha aussitôt.

— Prenez votre violon, dit-elle.

— Mon violon, ma bonne amie! répéta Gruff étonné.

— Taisez-vous!... Prenez votre violon, vous dis-je.

Un long cri se fit entendre au haut de l'escalier. — Master Gruff comprit.

Il saisit un violon poudreux et privé d'une de ses cordes, qui pendait au lambris, et passa de la résine sur l'archet.

— Il m'a semblé entendre un cri, dit Angus Mac-Farlane sortant de sa sombre rêverie.

— Un peu de patience, Votre Honneur, répondit l'hôtesse; — dans cinq minutes votre chambre sera prête.

Au même instant, l'archet grinça sur les cordes du violon et rendit un son diabolique.

Mac-Farlane tira de sa poche un bonnet de tartan qu'il enfonça sur ses oreilles, tandis que Gruff écorchait le pibroch des Mac-Gregor.

De sorte que aux derniers râles de la malheureuse Clary vinrent se mêler les sons de cette dérisoire musique. Sa voix se brisa bientôt sous l'effort croissant d'un invincible sommeil.

— Edward! murmura-t-elle enfin dans un dernier sanglot ; — Edward !... je t'aimais... Je t'aime !... Oh ! tu ne sauras même pas que je meurs en t'aimant !

Elle essaya de se traîner jusqu'à sa sœur, qui, gracieusement étendue dans son fauteuil, dormait avec un sourire d'ange sur les lèvres.

— Ils vont venir, pensait-elle, car elle ne pouvait plus parler, — ils vont venir !... Du sommeil nous passerons à la mort... Pauvre sœur !... elle n'aura point de tombe où Stephen puisse venir pleurer !... Et moi !... qui portera mon dernier soupir à Edward ?...

Elle s'affaissa, paralysée, auprès de sa sœur et mit sa tête dans son sein en râlant cette plainte suprême :

— Qu'avons-nous fait, mon Dieu ! pour mourir ainsi ?

Elle ne bougea plus.

— Stephen ! mon Stephen ! dit Anna qui entoura de ses jolis bras blancs le cou de sa sœur endormie ; que Dieu est bon et que nous sommes heureux !...

III

LA LANTERNE JAUNE.

Lorsque mistress Gruff vit, par le trou de la serrure, les deux jeunes filles immobiles et se tenant embrassées, elle retourna doucement la clé et poussa la porte.

Elles avaient, à son gré, tardé bien longtemps, et cette immobilité pouvait n'être point encore le sommeil. Aussi mistress Gruff, qui était une femme prudente, prit-elle la précaution de passer à plusieurs reprises la bougie devant leurs yeux pour se bien assurer qu'elles dormaient.

Ce manége, joint aux abominables sons du pibroch de Mac-Gregor, que le violon fêlé de master Gruff envoyait d'en bas par la porte ouverte, eût dessillé les yeux d'un mort. Les deux sœurs néanmoins ne bougèrent pas. La léthargie avait décidément commencé. Mistress Gruff était en face de deux charmantes statues, incapables non seulement de lui résister, mais de comprendre le péril.

Aussi la douce hôtesse mit-elle tout-à-coup de côté le sourire de commande qu'elle avait appelé sur ses lèvres à tout hasard. Son visage, qui d'ordinaire se couvrait d'un masque de mansuétude, reprit instantanément la repoussante expression que la nature lui avait infligée. L'hypocrisie tomba; sous l'hypocrisie parut une dureté froide, brutale, réfléchie, sans aucun mélange de pitié.

— Vingt livres! murmura-t-elle en examinant les deux pauvres filles d'un œil connaisseur; — maître Lantern fera un joli bénéfice, qu'il veuille les vendre mortes ou vivantes... car nos chirurgiens ont de drôles de caprices, et ils paient cher pour fourrer l'acier de leur scalpel sous la peau d'un beau corps... Vingt livres!... Il pourrait bien nous donner quelque chose de plus... Ce sont là, ma foi, des morceaux sans défaut, et plus d'un lord viderait sa bourse dans la main d'une honnête femme qui se chargerait...

Mistress Gruff s'arrêta et se prit à réfléchir. Peut-être eut-elle l'idée de couper l'herbe sous le pied de Bob et de lui voler sa *marchandise*, mais le souvenir d'Angus Mac-Farlane, dont la présence était une terrible menace, vint changer le cours de ses pensées. Elle s'éloigna des deux sœurs, gagna l'escalier, et toussa de cette façon aiguë et affectée qui, par tout pays, est un appel.

C'était le signal convenu. Le violon de master Gruff cessa subitement de se faire entendre et le digne aubergiste fut bientôt en haut de l'escalier.

— Est-ce fait? demanda-t-il tout bas.

— Taisez-vous ! répondit mistress Gruff par habitude ; — que fait le laird ?

— Pas de danger, ma bonne amie. Le laird est dans ses lubies de montagnard. Il cause tout seul de seconde vue et autres fadaises... Oh! continua master Gruff en s'arrêtant devant les deux sœurs et avec une véritable commisération ; — les deux jolies petites créatures !

Mistress Gruff haussa les épaules.

— Quel dommage ! reprit l'aubergiste, dont

la voix attendrie contrastait avec son apparence néfaste ; — quel dommage de faire du mal à ces pauvres anges !

— Taisez-vous ! dit aigrement mistress Gruff, — et posez le fanal.

L'aubergiste s'éloigna en soupirant.

— Est-il possible, murmura l'hôtesse avec mélancolie, qu'une femme comme moi ait un mari pareil !... N'allait-il pas se lamenter sur le sort de ces péronnelles !... Vingt livres sont vingt livres, entendez-vous, machine sans intelligence; et parce que maître Bob-Lantern fait son métier comme il faut... en voilà un homme, sur ma foi !... ce n'est pas une raison pour soupirer comme un bœuf qu'on égorge, non!... Ne répliquez pas ; c'est inutile : je suis une pécheresse, et Dieu me fait porter ma croix en ce monde, maître Gruff, voilà ce qui est certain.

Celui-ci n'avait garde de répondre. Il avait vingt ans d'expérience par devers soi et connaissait le danger des discussions.

Il souleva d'un bras robuste le châssis de la fenêtre que la pauvre Clary n'avait point pu ébranler, et ouvrit une lanterne suspendue à la muraille extérieure. Mistress Gruff lui tendit une bougie allumée qu'il ficha sur un poinçon servant de bougeoir à l'intérieur de la lanterne, qui, en s'illuminant, jeta sur le mur des reflets d'un jaune vif et brillant.

De l'aute côté de la fenêtre se trouvait une seconde lanterne. Master Gruff ne l'alluma point; mais la clarté répandue par le fanal permettait de voir que cette seconde lanterne était fermée par un vitrage vert.

Nous l'avons vu briller déjà certain soir de dimanche sur la Tamise, pendant le brouillard, et nous savons qu'elle servait de signal à l'escadrille du bon capitaine Paddy, qui venait charger les dépouilles des malheureux qu'exploitait le *petit commerce* des époux Gruff. Nous aurons à nous étendre plus tard sur les mérites de cette nocturne industrie.

Quant à la lanterne jaune, nous en avons dit déjà quelques mots. C'était aussi un signal, mais qui s'adressait aux spéculateurs de la mort. Il n'annonçait pas des dépouilles, mais des cadavres. Le bon capitaine Paddy avait quelque raison de frissonner en pensant à ce lugubre fanal, placé comme une enseigne au dessus de cet antre où le crime industrieux vendait jusqu'à la chair de ses victimes.

Il n'y a que l'Angleterre au monde pour produire de ces monstres rangés, de ces tigres économes qui tiennent en partie double les états de leurs forfaits, et apportent dans l'assassinat la rigoureuse logique des calculs commerciaux.

Maître Gruff lâcha le châssis inférieur de la fenêtre, qui glissa en grinçant le long des rainures humides et retomba bruyamment.

— J'ai cru voir la barque de Bob en avant de Whitefriars, dit l'aubergiste de son air chagrin et grondeur; — le limier flaire sa proie... Dans trois minutes il sera ici.

— C'est un homme entendu, celui-là! riposta l'hôtesse avec emphase, en couvrant son époux d'un long regard de mépris; — si vous aviez assez d'esprit pour comprendre que vous n'êtes qu'un sot, master Gruff, vous tâcheriez d'aller à son école... Mais Dieu vous a fait comme cela pour la punition de mes péchés...

Maître Gruff n'avait pas entendu cette mercuriale. Il s'était involontairement rapproché des deux sœurs et les contemplait avec compassion.

— J'ai fait bien du mal en ma vie, murmura-t-il, mais du diable si ce n'est pas une triste chose que de livrer deux beaux enfans comme cela à ce boucher de Bob...

— Que dites-vous ? s'écria l'hôtesse dont le jaune visage devint pourpre de colère ; — depuis quand vous mêlez-vous de réfléchir ? Elles sont belles, c'est vrai, mais que nous fait cela ?... Avons-nous des rentes pour passer notre temps à larmoyer sur le malheur d'autrui... Descendez voir si le laird s'impatiente et rapportez-moi un verre de whisky... Allons ! plus vite que cela !

Maître Gruff obéit et se demanda s'il ne serait pas opportun de mettre quelque jour dans le whisky de sa femme trois ou quatre gouttes de l'eau de Bob-Lantern, pour l'endormir comme il faut.

A cette question, le bon sens de maître Gruff répondit que mieux vaudrait pendant qu'on y serait, doubler la dose et verser six ou huit gouttes, afin d'éviter tout péril de voir l'avenante hôtesse se réveiller jamais.

Il se promit d'y penser à loisir.

Au moment où il revenait annoncer que le laird restait toujours au coin du feu, perdu dans les brouillards de ses pensées, un coup de cloche résonna au dessus de sa tête.

— Voilà maître Bob, dit l'hôtesse; — en besogne, tout de suite !

Ils se mirent à deux pour soulever la table, qu'ils transportèrent dans un coin de la pièce, et Gruff, saisissant à l'aide d'un crochet une corde qui s'enroulait à une poulie vissée dans l'une des poutres du plafond, la fit descendre juqu'à terre.

Pendant cela, l'hôtesse séparait sans trop de précaution les deux sœurs, qui se tenaient toujours embrassées. Elle savait que désormais il n'y avait nulle chance de les éveiller.

Deux draps furent étendus à terre. Gruff et sa femme enveloppèrent dans l'un d'eux Clary, et la déposèrent dans une sorte de hamac préalablement fixé au bout de la corde.

D'ordinaire ce hamac ne servait point à des vivans.

Maître Gruff saisit un anneau de fer replié et rentrant dans le bois du plancher, justement à la place où se trouvait naguère la table servie; à force de bras, il souleva une lourde trappe, qui cria sur ses gonds rouillés, et laissa voir un trou noir et béant.

— *Who's there?* demanda-t-il tout bas.

—*Fellow!* répondit au fond du trou la voix de Bob-Lantern. La poulie se prit à tourner, et le paquet blanc qui renfermait la pauvre Clary disparut dans le trou.

—Pas si fort! pas si fort! dit Bob-Lantern avec inquiétude. — N'allez pas m'avarier cela, maître coquin! Laquelle est-ce ?

—Du diable! si j'ai songé à lui mettre une étiquette sur le dos, répondit Gruff d'un ton bourru ; — c'est la première venue... La tenez-vous ?

— Attendez !... pas d'imprudence !... C'est fragile, cela, maître assommeur... Là, je la tiens, cette chère enfant... A l'autre !

La corde remonta. Mistress Gruff, pendant cette première opération, avait eu le temps d'ensevelir Anna qui se trouva prête ainsi à faire le voyage à son tour.

Mais, au moment où les deux époux la déposaient dans le hamac, un bruit de pas se fit à la porte et le sombre visage du laird Angus Mac-Farlane parut sur le seuil.

Mistress Gruff terrifiée lâcha prise, et la tête d'Anna n'étant plus soutenue tomba hors du hamac et souleva en tombant le coin du drap qui la recouvrait. — Ses longs cheveux dénoués ruisselèrent aussitôt jusqu'à terre.

Le laird avait monté l'escalier, non point par l'effet d'un soupçon quelconque ou d'un mouvement de curiosité. La pente naturelle de ses pensées l'entraînait fort souvent loin des choses de ce monde, comme il arrive à tous les adeptes de cette superstition endémique en Écosse et que notre grand romancier a popularisée dans plusieurs de ses admirables récits: *la seconde vue.* Les malheurs et les fautes d'un passé orageux lui faisaient lire dans l'avenir d'autres malheurs et d'autres fautes, et c'était en grande partie ce perpétuel mélange de douleurs passées et de souffrances futures qui viciait son caractère au point de lui donner aux yeux des indifférens l'apparence d'un maniaque.

Il était venu là sans réfléchir et parce que, d'ordinaire, c'était là qu'il venait.

— Allez-vous-en! dit-il en entrant; — je veux être seul.

Mistress Gruff, malgré son agitation, avait eu la présence d'esprit de se placer prestement entre lui et Anna.

— Encore un ballot à descendre, Votre Honneur, dit-elle en rappelant le plus aimable de ses sourires, — et nous vous rendons votre appartement.

Le laird s'avança lentement vers l'intérieur de la chambre. La fixité morne de ses regards témoignait de reste qu'il ne voyait rien de ce qui se passait autour de lui.

— Laisse aller, malheureux, laisse aller! murmura mistress Gruff en se tournant à demi vers son mari, qui demeurait comme pétrifié.

— Vous ferez approcher un cab, dit le laird dont les idées semblèrent revenir aux choses de la vie ; — je veux me rendre dans Cornhill pour voir mes filles.

— Comme elles vont être contentes, les pauvres chères demoiselles, osa dire l'hôtesse, qui ajouta en se tournant vers son mari : — veux-tu bien lâcher la poulie, misérable !

Mais l'aubergiste restait frappé de stupeur. C'était à coup sûr un coquin désespéré ; mais il était fort loin d'être à la hauteur de sa femme, et la présence de ce père auprès de ses deux filles sacrifiées, le glaçait d'horreur et de crainte à la fois.

Le laird, cependant, était arrivé au milieu de la chambre et mistress Gruff le séparait seule de sa fille, suspendue au dessus de la trappe béante.

L'hôtesse était une femme de tête. En face de la crise imminente qui se préparait, elle avait repris tout son sang-froid. D'un coup d'œil, elle toisa la situation. Sans plus tenir compte de son mari, sur l'appui duquel il ne fallait point faire fonds, elle calcula jusqu'à quel point il était prudent de jouer avec la préoccupation chronique du laird; elle fit la part de l'audace et la part de la prudence; bref, elle combina un de ces plans rapides, dont le mérite est dans leur simplicité vulgaire, qui servent tantôt à une jeune femme pour mettre son mari dans la position déplorable mentionnée par le psalmiste (*oculos habent et non videbunt*), tantôt à un diplomate pour escamoter une province, tantôt à notre Wellington pour gagner une bataille.

La chambre était éclairée par une seule

bougie, demeurée sur la table à manger, mais dont la lumière tombait de loin, d'aplomb, sur le joli visage d'Anna.

Un pas de plus, le laird se trouvait face à face avec sa fille.

Gruff était pâle comme un linceul.

L'hôtesse, en ce moment décisif, saisit brusquement la corde de la cloche et la tira de toute sa force. La cloche tinta. Le laird, par un mouvement naturel, leva la tête pour voir d'où venait le bruit; pendant cela, mistress Gruff bondit en avant et éteignit la bougie.

Une complète obscurité régna dans la

chambre, mais un cri terrible du laird prouva que la bougie, si rapide qu'eût été l'action de mistress Gruff, avait encore trop long-temps brillé.

Au moment où s'évanouissait la dernière lueur, Angus avait vu le visage de sa fille. Ç'avait été seulement durant la vingtième partie d'une seconde, mais il l'avait vu, pâle, entouré de cheveux épars et penché au dessus de la trappe ouverte.

Il ressentit au cœur une douleur si aiguë que ses jambes fléchirent et qu'il faillit tomber à la renverse. Ses prunelles se dilatèrent comme s'il eût essayé de voir encore. Puis, entraîné par la pente habituelle qui entraînait presque constamment ses idées vers le merveilleux, il se demanda si ce n'était point là une vision.

Et qu'annonçait cette vision? Un affreux danger sans doute...

Il fit un pas, non pas vers la pauvre Anna, mais vers la porte, pour courir dans Cornhill se placer entre ses filles et le péril imaginaire.

Mistress Gruff, déconcertée d'abord par le cri du laird qui lui annonçait l'inutilité de son stratagème, reprit bien vite courage en voyant qu'il demeurait immobile. Elle revint vers la trappe, arracha la corde des mains de son mari et laissa jouer la poulie.

Anna tomba comme une masse au fond du bateau.

— Tonnerre du ciel! grommela Bob qui s'était tenu coi, devinant qu'il se passait là-haut quelque chose d'extraordinaire; — ce coquin de Gruff vous jette cela comme un paquet de chiffons.

—Nage! interrompit vivement l'hôtesse.

Et la lourde trappe se ferma avec fracas.

Ce bruit fit tressaillir violemment Angus Mac-Farlane et le rendit au sentiment de la réalité.

— Ma fille! s'écria-t-il en s'élançant vers

l'endroit où il avait aperçu Anna; — j'ai vu ma fille.

— Votre fille! répéta l'hôtesse en tâchant de rire à gorge déployée ; — entendez-vous, maître Gruff ; — le laird a vu sa fille.

— Le laird a vu sa fille, dit automatiquement maître Gruff.

Mac-Farlane tâtonnait dans l'obscurité et ne trouvait partout que le sol.

— De la lumière! reprit-il impérieusement; — qu'on m'apporte de la lumière sur-le-champ!

—Volontiers, Votre Honneur, volontiers. Il n'y a pas besoin de vous fâcher pour cela.

Mistress Gruff ralluma la bougie au bec de gaz qui éclairait l'escalier.

Le laird jeta avidement ses regards autour de soi et pressa son front de ses deux mains.

Mistress Gruff se prit à sourire et dit doucereusement :

— Votre Honneur s'est endormi au coin du feu, en bas : auriez-vous fait un mauvais rêve?

— J'ai vu! murmura Angus avec détresse ; oh! j'ai bien vu... elle était là... endormie... ou morte!

Il se pencha pour désigner l'endroit. Un objet blanc frappa sa vue, et il s'en empara vivement.

C'était un mouchoir de batiste portant les initiales C. M.-F., brodées au dessus d'une branche d'if.

Le laird se redressa de toute sa hauteur ; ses yeux lancèrent des flammes ; il poussa un gémissement sourd.

— Et Clary aussi ! s'écria-t-il d'une voix creuse ; — toutes deux !... toutes deux à la fois !

Il y avait tant de redoutable menace sur le visage du laird, que l'hôtesse s'enfuit en tremblant et ferma la porte derrière elle, abandonnant son mari à la grâce de Dieu.

Angus s'avança lentement vers lui, prit à

poignée la peau de sa poitrine et le terrassa sous lui, comme il eût fait d'un enfant.

— Grâce! grâce! râla l'aubergiste à demi mort de terreur.

Angus, dont les dents étaient serrées à se briser, se prit à trois fois pour prononcer ces paroles :

— Sont... elles... mortes?

— Non, Votre Honneur, non, sur mon salut! s'écria Gruff; elles ont bu de l'opium, voilà tout.

Un long soupir s'échappa de la poitrine du laird.

— Ecoute, dit-il, si tu mens, je vais te tuer... Où les mène-t-on?

—Sur le nom de Dieu, je n'en sais rien, répondit Gruff.

Angus le traîna jusqu'à la fenêtre dont il souleva le châssis.

— Vois-tu ce bateau ? demanda-t-il.

Bob s'était attardé pour avoir voulu s'assurer si sa marchandise était ou non avariée ; sa barque était à peine à quarante brasses de la croisée. Gruff la désigna du doigt au laird.

— Votre Honneur, elles sont là-dedans, dit-il.

Celui-ci monta sur l'appui de la fenêtre et s'élança dans la Tamise.

IV

UN ABORDAGE.

Maître Gruff se leva lentement, secoua la poussière qui couvrait ses vêtemens, et tâta ses membres meurtris.

— Du diable, s'il n'a pas été bon enfant, grommela-t-il ; je m'attendais à pis que cela.

Il s'accouda sur l'appui de la croisée et tâcha de percer l'obscurité du regard pour voir ce qui allait se passer entre le laird et Bob-Lantern.

— Ma foi, pensait-il, Bob paierait cher un aboiement qui le mettrait sur ses gardes, mais je ne suis pas un chien après tout, et puisque le hasard donne aux pauvres petites une chance de se sauver, je ne veux pas la leur ôter... Bravo, pardieu! voici la lune et nous allons voir la chasse en grand.

Le brouillard s'était levé sous l'effort d'un vent de sud-est qui chassait rapidement devant lui les petits nuages blanchâtres qui pommelaient le ciel. La lune se montrait à intervalles courts et presque égaux, pour se cacher au bout de quelques secondes et se remontrer bientôt après entre deux nuages. La Tamise silencieuse, soulevée en petites vagues dont les rayons lunaires tiraient des milliers de paillettes, étendait sa vaste nappe au pied de l'hôtel du *Roi George*. Çà et là, des alléges et des embarcations de toutes sortes s'échelonnaient confusément le long de la rive. Un paquebot qui venait de passer laissait dans l'air une traînée de lourde vapeur.

Bob avait déjà dépassé les dernières embarcations à l'ancre et se trouvait dans l'espace libre qui occupe le milieu du courant. Le laird, au contraire, nageait encore parmi le pêle-mêle des barques amarrées.

Le laird était un puissant nageur. Il fendait

l'eau par élans réguliers et gagnait rapidement du terrain sur la barque de Bob, lequel était sans défiance et ne se pressait point.

— Il le rattrapera, sur ma foi! se disait Gruff; — l'eau et lui se connaissent et je l'ai vu... c'était le bon temps!... nageant pendant une heure, dans le Solway, auprès de son cheval essoufflé... Ah! maître Bob va en voir de belles... Si le laird a seulement sur lui quelque chose qui ressemble à un dirk, il va le harponner comme un saumon... et je dis que ce sera bien fait.

— Qu'est-ce qui sera bien fait, maître sot? demanda une voix aigre derrière lui.

— Vous étiez là, ma bonne amie?... balbutia l'aubergiste déconcerté.

— J'étais là, maître Gruff... et n'avez-vous point de honte !... Vous êtes plus lâche qu'un lièvre, voyez-vous ! Dire qu'une pauvre femme comme moi ne peut pas compter sur son mari pour la défendre !... Vous m'eussiez laissé tuer par ce furieux, maître Gruff!

— Oh ! ma bonne amie !... se récria L'aubergiste.

— Taisez-vous ! ou plutôt, répondez !... Le vieux fou s'est jeté à l'eau ?

— Il s'est jeté à l'eau, Baby.

— Pour se noyer ?

Maître Gruff hésita.

— Il pourrait bien se faire qu'il se noyât, Baby, répondit-il enfin.

Mistress Gruff lui lança un regard de défiance, et le fit rudement tourner sur lui-même pour prendre sa place à la fenêtre.

— Le laird a des lubies, grommela-t-elle ; mais j'aurais parié qu'il eût au moins brisé le crâne de maître Gruff avant de penser à se noyer... Il avait les yeux d'un démon tout à l'heure, et j'aime autant, sur ma foi, qu'il soit dans la rivière que chez nous !... Et ce mouchoir, inutile créature que vous êtes ! Parlons de ce mouchoir ! Pourquoi avez-vous laissé tomber ce mouchoir ?

— Ce mouchoir, Baby, sera sorti de la poche de la petite demoiselle...

— Vous ruinerez notre maison, monsieur ! vous êtes une malédiction sur moi, une lourde malédiction, je ne puis le cacher... Si le laird n'avait pas vu ce mouchoir, nous lui aurions... c'est-à-dire je lui aurais, car vous et rien c'est la même chose... Je lui aurais fait accroire tout ce que j'aurais voulu... Ne rêve-t-il pas les yeux ouverts tant que dure le jour ?...

— Le fait est, Baby...

— Taisez-vous !... Ce mouchoir pouvait nous mettre sur les bras une triste affaire ; si le laird n'avait pas pris son parti en honnête montagnard, coutumier de la fièvre chaude. Mais la Tamise est profonde ici dessous, Dieu merci... Au nom du diable ! vous m'avez trompé! Je vois un homme sortir de l'ombre de cette gabarre... Ne mentez plus, maître Gruff, ou malheur à vous! Cet homme est-il le laird?

— Oui, dit l'aubergiste à contre-cœur.

— C'est le laird! s'écria l'hôtesse qui devint livide de peur et de rage ; — et ce bateau qui se traîne à vingt brasses de lui, est-ce le bateau de maître Bob?

— Oui, dit encore l'aubergiste.

— Et vous ne l'avertissez pas, malheureux! reprit mistress Gruff, dont les mains se crispèrent comme si elle eût voulu déchirer le visage de son mari, —vous restez là comme une borne!... Le signal, tout de suite, le signal!

Maître Gruff eut, pour la première fois depuis bien des années, une velléité de faire résistance. Il hésita, se redressa et regarda sa femme en fronçant le sourcil ; mais son regard se baissa aussitôt. La lumière du fanal jaune tombant d'aplomb sur le visage livide de la virago donnait à ses traits une expression de méchanceté si terrible, que Gruff sentit le frisson courir par tous ses membres.

— Demain, il y aura du poison dans ma soupe! pensa-t-il ; on ne se bat pas contre le diable.

— Eh bien ! reprit impérieusement l'hôtesse.

Maître Gruff se pencha hors de la fenêtre,

éteignit le fanal et mit ses deux mains devant sa bouche.

Au même instant, un aboiement formidable, et dont les graves éclats durent à coup sûr traverser toute la largeur de la Tamise, se fit entendre. Maître Gruff remit ses mains dans ses poches; l'aboiement cessa.

— A la bonne heure! s'écria l'hôtesse dans un accès de repoussante gaîté; — embrassez-moi, gros méchant... Il n'y a pas deux dogues à Londres pour aboyer comme vous... Maintenant, maître Bob est averti et le vieux laird n'a qu'à se bien tenir... Je voudrais gager qu'il ne viendra jamais nous demander des explications sur ce qui s'est passé ce soir.

Mistress Gruff se tut et fit une petite place à son mari auprès d'elle sur l'appui de la fenêtre. La scène devenait intéressante : au moment critique d'un drame, le plus déterminé bavard fait trève.

Le laird et le bateau qu'il poursuivait restaient parfaitement en vue. La lune brillait de tout son éclat. La fenêtre de l'hôtel du *Roi George* était une manière d'avant-scène d'où l'on pouvait tout voir, sinon tout entendre.

Angus Mac-Farlane continuait de nager avec une énergie réglée qui prouvait que ses forces étaient loin d'être à bout. Il ne se dirigeait point directement vers le bateau, mais coupait la rivière en droite ligne afin de prendre avantage du courant au moment décisif.

L'aboiement de maître Gruff passa au dessus de sa tête sans éveiller le moins du monde son attention. Il continua de couper le courant, ayant soin toutefois de modérer désormais la vigueur de ses élans pour arriver inaperçu sur sa proie.

Le bateau de Bob semblait désert ; il allait lentement à la dérive, gardant toujours la lisière du canal la plus voisine de la rive gauche. Bob lui-même s'était couché au fond de la barque, de manière à tenir seulement sa tête un peu au dessus du bord.

Le trajet qu'il avait à faire était court. Il

importait moins d'aller vite que d'arriver sans encombre, et Bob avait calculé dans sa sagesse qu'une barque, dérivant presque insensiblement dans cette partie de la rivière où le courant n'a point de force, avait mille chances pour une de n'être point remarquée.

Il avait étendu les deux sœurs de son mieux, et s'assurait de temps à autre qu'elles étaient aussi confortablement couchées que possible. Rien ne ressemble tant aux attentions d'un père pour ses filles que la sollicitude d'un trafiquant pour sa marchandise.

Au moment où l'aboiement retentit, il venait de dépouiller sa veste pour la mettre sous la tête d'Anna. Ces sons connus produisirent sur lui l'effet d'une secousse électrique. D'abord, il demeura immobile; ensuite, élevant doucement la tête au dessus du plat-bord, il jeta tout autour du bateau son regard perçant.

—Que diable veut dire cela? murmura-t-il; n'ai-je plus l'œil assez sûr pour apercevoir un police-boat par le clair de lune!... Allons! c'est un chien véritable, un dogue pour tout de bon qui a la voix de ce revêche coquin de Gruff... Voilà un drôle qui doit rendre sa femme malheureuse!

A demi rassuré par l'examen qu'il venait de faire, il tourna cependant ses yeux, par l'effet de cette habitude de prudence excessive qui passe dans la nature des gens qui font du mal un métier, vers l'hôtel du *Roi George*. Le fanal jaune avait cessé de briller. Bob pâlit sous le bronze de sa peau. Ce n'était pas un dogue qui avait aboyé. On lui signalait un danger, et ce danger était d'autant plus redoutable pour lui qu'il n'en pouvait reconnaître l'espèce.

Il se souleva de nouveau, et son œil, minutieusement investigateur, interrogea chaque point des alentours de la barque.

Aucun objet suspect ne frappa ses regards.

— Dieu me damne! grommela-t-il avec une sérieuse inquiétude, — les marins parlent d'un certain *Voltigeur hollandais*, qui est un fantôme de vaisseau et qui vous prend une frégate à l'abordage sans qu'on voie sa carcasse ni sa mâture... Y aurait-il quelque part

autour de moi un fantôme de police-boat?...
Ce serait durement gênant d'engager un combat naval à l'heure qu'il est... Et pourtant je veux mourir, si je vois une coquille de noix seulement dans mes eaux...

Il s'interrompit, pencha la tête en avant et sembla vouloir doubler l'acuité de son regard. Il venait de distinguer un objet sombre, se mouvant à une quinzaine de brasses dans le sillage de sa barque.

— Oh! oh! dit-il, qu'avons-nous là?... C'est un homme, sur ma foi, et un fier nageur... En voudrait-il à ma cargaison, par hasard?

Bob quitta le centre de sa barque et se

glissa doucement vers l'arrière. En passant auprès de Clary, son coude heurta le bras de la jeune fille qui gémit faiblement.

Bob laissa échapper un blasphème.

— En voilà bien d'un autre ! gronda-t-il ; — on me les a mal endormies... Si Tempérance n'était pas ivre huit heures sur douze, je l'aurais chargée de cela, quoique je n'aime pas à la fourrer dans toutes ces affaires, la pauvre chère belle... mais elle est toujours ivre !

Bob poussa un soupir de regret et d'amour en pensant à ce coûteux défaut qui ternissait les cinq pieds six pouces de sa compagne, et s'accouda silencieusement sur l'arrière de la barque.

— Il a remué! dit mistress Gruff à la fenêtre du *Roi George*; — je suis sûr de l'avoir vu remuer dans son bateau... Ah! ah! nous allons voir quelque chose de joli.

Master Gruff ne répliqua point. L'intérêt de cette scène étrange l'avait gagné. Il était maintenant aussi curieux que sa femme d'en connaître l'issue.

Voici quelle était la position précise des deux acteurs principaux.

Le laird nageait à environ quinze brasses du bateau dont chacun de ses élans le rapprochait d'une manière sensible. Il ne savait point qu'il était découvert : les mouvemens de Bob lui échappaient, parce que la lune, brillant au dessus du pont de Blackfriars, prenait le bateau à revers et laissait dans l'ombre tout le côté que pouvait apercevoir Angus. L'espoir de surprendre son ennemi et la conscience qu'il avait de son extrême habileté comme nageur, doublaient ses forces. Il allait, silencieusement, n'élevant sa tête au dessus de l'eau que pour respirer, et prenant déjà ses mesures pour sauter dans la barque à l'improviste.

Bob, se trouvant placé à contre-jour, voyait, au contraire, parfaitement la partie de la Tamise où nageait le laird et pouvait en quelque sorte calculer exactement la minute où il atteindrait la barque. Mais le scintillement de l'eau soulevée par la poitrine d'Angus, l'empêchait de distinguer les traits de son visage.

Evidemment cet homme le poursuivait. Voilà ce que Bob ne pouvait manquer de se dire. Mais pourquoi cette poursuite ? Dans quel but ce nageur prenait-il tant de peine ? Il ne pouvait y avoir trahison de la part de Gruff ou de sa femme, puisque le charitable avertissement qui venait de lui donner l'éveil était parti de la fenêtre de leur hôtel. D'ailleurs, ce mystérieux adversaire n'était point, suivant toute probabilité, un homme de police. Le dévoûment des policemen de Londres ne va pas jusqu'à suivre un bateau suspect à la nage par une froide nuit d'hiver.

Qui donc était-ce ?

Bob, incapable de répondre à cette question d'une manière satisfaisante ou seulement plausible, eut un instant l'idée de saisir ses avirons et de prendre chasse à tout hasard. Mais si cet homme était un ennemi, le simple bon sens disait qu'il crierait aussitôt qu'il se verrait découvert; or, à part le danger d'éveiller ainsi l'attention de la police maritime, Bob avait tout près de lui un autre péril non moins difficile à éviter.

Clary, qui n'avait bu qu'une très petite quantité de narcotique, commençait à subir l'effet vivifiant de l'air frais. Elle s'agitait faiblement et poussait de petits gémissemens précurseurs d'un prochain réveil. Le moindre mouvement violent, le moindre bruit subit pouvaient déterminer une crise.

Bob se tint coi. Il continua de fixer ses yeux

perçans et grands ouverts sur son ennemi inconnu, déterminé à prendre conseil des circonstances.

— Après tout, se dit-il, ce n'est peut-être qu'un voleur qui croit le bateau abandonné et qui veut en faire la visite... Le diable emporte le coquin!... Londres devient durement mal fréquenté... Il n'y a pas assez de place dans les rues pour les *swell-mob* (1), puisqu'on les rencontre jusque dans la Tamise!

En ce moment, dix brasses tout au plus le séparaient du laird. Celui-ci prit un élan moins

---

(1) Mot intraduisible, composé de deux substantifs dont l'un signifie enflure, orgueil; l'autre foule, cohue, canaille. Il désigne en argot les chevaliers d'industrie de bas étage.

prudemment mesuré que les autres, et sa tête s'éleva tout entière au dessus de l'eau. Bob le reconnut.

— Tiens! tiens! murmura-t-il sans s'émouvoir le moins du monde; — qui diable se serait attendu à cela?... J'aurais plutôt parié pour un policeman, ma parole!... C'est égal, il faut jouer serré, car c'est un dur gaillard, et, si je le manque du premier coup, gare à ma marchandise!

Il tâta sa chemise et mit la main sur son couteau, mais il ne le tira point et se glissa jusqu'aux avirons pour prendre l'un d'eux.

— Mon père! prononça faiblement Clary, sans ouvrir les yeux.

— Présent! grommela Bob. — Ne dirait-on pas qu'elle le sent venir?... Patience, ma belle petite, nous allons le recevoir comme il faut, ton père.

— Anna! balbutia encore Clary qui retomba dans son sommeil.

Bob revint se mettre à son poste. Le laird n'était plus qu'à trois ou quatre brasses. Au bout d'une minute, Bob se leva tout-à-coup sur ses pieds; l'aviron décrivit une courbe rapide; le laird disparut sous l'eau et ne se montra plus.

— Bien frappé! cria l'hôtesse avec enthousiasme. — Avez-vous vu, master Gruff?...

Ce n'est pas vous qui auriez su faire un coup comme cela !

— Angus Mac-Farlane était une pratique, Baby, dit tristement l'aubergiste ; je souhaite que Dieu ait pitié de son âme.

— Et que font à Dieu vos souhaits, maître Gruff ?... Oh ! le coup était beau, pardieu ! Mais il était temps ! voilà un nuage qui couvre la lune... encore une minute et nous n'eussions rien vu.

Bob avait tranquillement remis l'aviron à sa place et se frottait silencieusement les mains en regardant la place où le laird avait disparu. Rien ne se montrait. L'eau s'était refermée sur sa proie.

— L'affaire est faite se dit Bob ; — j'aime mieux l'avoir expédié avec mon aviron que par un coup de couteau... J'ai mangé son pain autrefois à ce vieil Angus et bu sa bière... de bonne bière, ma foi !... et c'est toujours une triste chose que de jouer du couteau avec un camarade.

Au moment où Bob achevait de formuler cette sentence dont nul ne voudra contester sans doute la haute moralité, il entendit un petit bruit à l'avant du bateau, et se retourna nonchalamment.

Mais cette indifférence ne fut pas de longue durée. — Un râlement sourd s'échappa de la poitrine de Bob qui tira son couteau en toute hâte et se mit sur ses pieds. Il venait de voir une longue forme noire se dresser en avant du bateau. Une seconde après, le laird et lui étaient en présence.

L'aviron avait tourné sans doute dans la main de Bob. Au lieu du tranchant, c'était la pelle qui avait porté, et le laird, excellent plongeur, fuyant sous le coup, avait profité de l'erreur de Bob pour tenter l'abordage du côté de la proue.

Bob avait son couteau ; le laird tenait en main un poignard écossais : tous deux étaient robustes, et les chances paraissaient se balancer également entre eux.

Comme nous l'avons dit, la lune venait de glisser sous un nuage.

Les deux adversaires demeurèrent environ une seconde en garde, et s'observant avant de frapper.

— Va-t'en, dit enfin le laird d'une voix contenue; — mon poignard est plus long que ton couteau; mais les deux enfans vivent : j'entends la respiration de Clary... Va-t'en : tu aurais pu les tuer; je ne veux pas ta mort.

Bob eut grande envie de profiter de la permission. L'élément de prudence, ou, pour mieux dire, de poltronnerie native qui entrait pour une notable part dans la composition de son être moral, fut vivement sollicité vers cette porte ouverte que lui montrait une clémence inattendue. Mais la poltronnerie disparaissait en lui devant l'avarice, l'avarice dominait, victorieuse, dans cette âme de boue; tout sentiment autre, toute passion s'effaçait en présence de l'avarice excitée.

Bob songea que les deux sœurs représentaient un capital de trois cents livres, et il se résolut à mourir aussi gaillardement qu'eût pu le faire un homme de cœur.

— Je ne sais pas nager, dit-il avec ironie.

—Va-t'en! répéta le laird dont une indignation terrible faisait trembler la voix.

Ecoutez! s'écria Bob, tout cela peut s'arranger...

Au moment même où il prononçait ces mots qui semblait annoncer une sorte de capitulation, Bob s'élança sur le laird avec l'agilité d'un tigre et lui porta un coup de couteau droit au cœur. Mais Angus était sur ses gardes ; il para le coup. Une lutte courte, silencieuse, terrible, s'ensuivit. Au bout d'une minute Bob chancela, blessé d'un coup de poignard à la gorge. Angus le terrassa et lui mit un genou sur la poitrine.

Bob, en tombant, avait heurté de sa tête l'épaule de Clary qui, demi-éveillée, se dressa sur son séant.

Le laird leva le bras pour frapper un dernier coup. En ce momen la lune, dégagée du nuage qui la couvrait, jeta ses rayons sur le visage d'Angus, laissant dans l'ombre celui de Bob-Lantern.

— Mon père! cria Clary, se croyant au terme d'un horrible rêve.

Le laird se retourna involontairement. Bob Lantern, profitant de ce mouvement, se releva d'un bond, et, sans perdre de temps à chercher son couteau qui lui avait échappé durant la lutte, il saisit le laird à la gorge et l'étreignit furieusement.

Clary cacha sa tête entre ses mains en poussant un cri d'angoisse.

Angus râlait sourdement. Bob, sans lâcher sa gorge qu'il étranglait entre ses doigts d'acier, attira violemment la tête d'Angus vers le plat-bord du bateau, et la précipita contre le bois à plusieurs reprises.

Puis il appliqua les reins du laird sur le bord, et lâchant brusquement sa gorge, il le souleva par les jambes. Le corps du laird fit bascule et tomba, inerte, dans la Tamise.

—Cette fois, il ne reviendra pas, grommela Bob en saisissant les avirons pour s'éloigner du lieu du combat. — Voyons les petites, maintenant.

Anna ne s'était point éveillée. Clary ne dormait plus, mais elle gisait en travers du bateau, privée de sentiment.

I

BELGRAVE-SQUARE.

Derrière les nobles jardins du palais de Buckingham, loin, bien loin de ces quartiers populeux où le commerce entasse ses servans faméliques, s'étend un square vaste et régulièrement dessiné, dont le parc intérieur n'affecte point cette forme ronde ou ovale qui jure si étrangement dans tout le reste de Londres avec les enclos de maisons tirés au cordeau parallélogrammatique.

Les constructions qui environnent ce beau tapis de verdure sont autant de palais. On ose à peine s'y loger quand on n'est que pair. d'Angleterre. C'est là que les princes étrangers, venant visiter Londres, plantent leur tente, et l'un de ces fiers édifices eut dernièrement pour habitant le descendant de vingt rois.

Cette place a nom Belgrave-Square.

Don José-Maria Tellès de Alarcon, marquis de Rio-Santo, occupait de tous ces palais le plus grand, le plus brillant, le plus magnifique, celui qui s'élève au nord du square, entre la place et la rue qui porte le même nom, devant le passage conduisant à Pembroke-Street.

Le luxe de cette aristocratique demeure était devenu proverbial ; les plus somptueuses habitations du West-End lui cédaient le pas, et il fallait que la noblesse anglaise, si riche, si vaniteuse, si passionnée pour ce renom que donne dans le Royaume-Uni l'exagération d'un luxe poussé jusqu'à la folie, courbât le front devant le faste babylonien étalé par un étranger.

Rio-Santo, dont le goût artistique et capricieux ne pouvait point s'accommoder des bourgeois aménagemens de l'architecture anglaise, laquelle n'a qu'un seul plan pour tout édifice, qu'il soit basse-cour, palais ou chapelle, avait bouleversé comme à plaisir tout l'intérieur de sa maison. Chez lui, on voyait de larges escaliers de marbre comme en Italie, et non point de ces raides échelles cirées et recouvertes d'un maigre tapis que les lords semblent avoir empruntées aux magasins cossus de Fleet-Street. L'ornementation intérieure affectait ce style large et harmonieux qu'on admire à Paris ou à Gênes, et qui semble inconnu chez nous, où le comfortable étoufferait les inspirations du beau, lors même que le protestantisme n'étendrait pas sur toutes choses extérieures le lourd et stupide niveau de son hypocrisie puritaine.

Qui n'a gémi parfois du plus profond de son cœur, en voyant cette ignoble menuiserie qu'un pasteur rougeaud et frileux fit élever, quelque jour d'hiver, au centre même de la nef royale de Westminster ! Londres avait là un de ces joyaux sans prix dont tout un peuple tire orgueil. L'Anglais, pour qui la vanité est si douce chose, pouvait dresser la tête et se complaire en lui, lorsque son regard enfilait ces longues voûtes étendues au dessus de tant de merveilles.

Oh ! c'était vraiment beau, et digne, et splendide, — mais il y faisait froid. L'église, trop petite autrefois pour la foule des catholiques, devenait bien grande pour le demi-cent d'épiscopaux qui viennent là, deux fois par semaine, nasiller des psaumes en famille. Les vieux vitraux des fenêtres ogives donnaient passage, à travers leurs plombages séculaires, à de terribles vents coulis. Les dalles humides pénétraient le cuir des socques des ladies et jusqu'à la double semelle en liége des dévôts gentlemen.

C'était odieux.

Hélas! on a remplacé les trois quarts des vitraux par de petites losanges de verre blanc admirablement équarries! au milieu de la nef s'élève une barraque de bois marron, immense armoire qui peut garantir du froid le ministre et son troupeau poitrinaire, mais qui rompt toute harmonie, et semble un blasphème prémédité contre l'art.

N'est-ce pas là l'histoire de ce fat castillan qui, possesseur indigne de la glorieuse épée du Cid, la raccourcit d'un pied pour l'adapter à sa taille? Et n'aurait-on pu trouver dans Londres, pour bâtir cette cabane en planches, un lieu plus convenable que cet illustre Westminster, sépulture de tant de rois!

Mais il fallait qu'il en fût ainsi. Nos aises brutales et notre religion dominante le demandaient impérieusement. Le protestantisme hait tout ce qui est pompeux et noble; il raille les traditions, dédaigne la poésie et se plaît seulement entre quatre murs vernis, près d'un poêle brûlant qu'entourent des banquettes rembourrées.

Nous avons cité l'abbaye de Westminster,

parce que le sacrilége artistique atteint là des proportions si effrontées, qu'il n'y a pas besoin de donner un autre exemple. A cette citation, nous eussions pu en ajouter mille autres et prendre pour ainsi dire Londres en masse pour lui faire son procès de lèse-poésie.

On doit penser que Rio-Santo, avec ses instincts choisis et sa passion pour le beau, ne pouvait point suivre la mode anglaise. Alcibiade, dit l'histoire, se transformait instantanément et prenait en un jour les mœurs de chaque pays qu'il parcourait. Ceci ne fait point l'éloge d'Alcibiade. Il vaut mieux, à coup sûr, imposer le beau que de s'affubler complaisamment du laid.

Au rez-de-chaussée de la maison du marquis, trois superbes salons, séparés seulement par des portes battantes, s'alignaient sur Belgrave-Square. Derrière les salons, une série d'appartemens d'apparat régnait au dessus des cuisines et touchait aux écuries, vastes constructions donnant sur Belgrave-Street. Au premier étage se trouvaient les appartemens privés du marquis. On parlait bien vaguement de leur féerique élégance, mais personne ne pouvait fournir là-dessus des détails fort précis, puisque, à Londres, l'œil du visiteur s'arrête au mur du salon comme devant une infranchissable barrière. Les amis seuls, et nous parlons de ces amis dont un longue intimité a fait des frères, peuvent pénétrer parfois au delà.

C'était dans ce palais de Belgrave-Square que le marquis de Rio-Santo recevait tout ce que Londres renfermait d'éminent en quelque genre que ce fût. Les hauts fonctionnaires de l'état ne dédaignaient point de le visiter et nul n'ignorait qu'il entretenait un commerce fort suivi avec les ambassadeurs des grandes puissances. Ceci ne contribuait pas peu à entretenir l'opinion que sa présence à Londres avait un but politique.

Si ce but existait, on devait avouer du reste qu'il était bien soigneusement et habilement mis sous le voile. La vie de Rio-Santo était si complétement remplie par ces choses du monde que les uns disent frivoles et que les autres placent au dessus des plus sérieuses, qu'il devait sembler impossible pour lui de trouver le temps nécessaire à de graves travaux. Il brillait trop et trop constamment au dehors, pour avoir le loisir d'agir derrière la toile.

Ce n'est pas un métier de fainéant que le métier de lion. Il faut trôner du matin au soir et tenir ferme le sceptre de peur qu'une des mille mains gantée de frais, qui applaudissent sous le pavois, ne le ramasse à son profit. Le fashion ressemble à ces diètes de la vieille Pologne où le plus mince gentilhomme avait son vote et son sabre au côté pour soutenir son vote. Chaque gentleman sachant nouer comme il faut une cravate, connaissant le *turf*, n'ignorant pas le *ring*, et susceptible de perdre un millier de guinées à New-Market en pariant pour lady Waterloo, sultan Mahmoud ou Child-of-the-Foundered, a droit à la cravache souveraine. Malheur au monarque régnant qui s'endort sur ses étriers : le fashion est un coursier rétif, et il ne lui faut pas même trois jours d'été, comme à nos bons voisins de France, pour opérer une révolution.

On pensait donc que Rio-Santo poüvait avoir une mission politique, mais on pensait aussi qu'il la négligeait fort, ce qui ajoutait une coudée ou deux à son piédestal. Qu'y a-t-il, en effet, de plus réellement fashionable que d'avoir en main de graves intérêts et de ne s'en point occuper?

Il était huit heures du soir environ. Aucune lumière ne brillait dans les trois grands salons de Irish-House (c'était le nom que Rio-Santo avait donné, on ne savait pourquoi, à son palais). La porte d'entrée, au seuil de laquelle se tenaient d'ordinaire deux grooms de six pieds en grande livrée, était close. Le maître n'était point à la maison.

Dans l'un des appartemens situés sur le derrière et qu'éclairait doucement une lampe recouverte d'un globe de verre dépoli, un jeune homme était assis ou plutôt demi-couché sur le velours bleu d'une ottomane et jouait avec les longues soies d'un magnifique chien de race.

Au milieu de la chambre se tenait debout l'aveugle Tyrrel.

— Comment trouvez-vous Lovely? sir Edmund, demanda tout-à-coup le jeune homme.

Lovely était le nom du chien de race.

— Je trouve la question impertinente, signor Angelo Bembo, répondit l'aveugle; — ne connaissez-vous pas mon infirmité?

— C'est juste, sir Edmund, c'est juste, murmura Bembo, dont l'insoucieux et beau visage exprima une nuance de raillerie; — votre infirmité est connue. C'est la plus belle plume de votre aile, et je suis sûr que vous ne la troqueriez pas contre mille livres sterling.

— Si fait ! dit sèchement Tyrrel.

— En vérité ?... Au fait, il vous resterait la ressource de vous faire sourd... cela peut servir... A bas, Lovely !... Du diable si cette fille que vous avez déterrée je ne sais où n'est pas la plus belle créature qu'on puisse voir, sir Edmund.

— Vous trouvez, signore ?

— Oui, de par Dieu ! sir Edmund... ne froncez pas le sourcil... je n'ai sur elle aucune prétention... fût-elle plus belle encore... et c'est difficile !... Du moment qu'elle a quelque rapport avec vous, elle devient pour moi aussi vénérable qu'une centenaire... Je vous estime fort tous, tant que vous êtes, voyez-vous, mais je ne vous aime pas.

— C'est pour nous un grand malheur, signore.

Le cavalier Angelo Bembo s'inclina.

— Je ne vous aime pas, reprit-il, et sans don José, pour qui je me ferais tuer mille fois, il y aurait long-temps que j'aurais envoyé votre association à tous les diables!

— Ce serait pour nous une grande perte, signore, dit encore Tyrrel avec froideur.

— Grande ou non, il en serait ainsi, monsieur... Il y a parmi vous une douzaine de figures qui m'agacent les nerfs... la vôtre d'abord, sir Edmund... Ne vous fâchez plus, je vous supplie... Ensuite celle de ce docteur Moore qui a l'air d'un vampire, sur mon honneur !... Ensuite, celle de ce froid fanfaron de major Borougham... Un véritable Anglais, celui-là ! enfin, pour ne pas faire la liste trop longue, celle du prétendu docteur Muller, — *tont ché futrais foir le tiplôme, tarteifle !*

— Il faut le lui demander, signore ; on dit qu'il coupe la balle d'un pistolet à vingt pas, sur la lame d'un rasoir.

— C'est adroit... Pour en revenir, je ne vaut pas mieux que vous, peut-être, et c'est une chose terrible à se dire, monsieur !... Mais au moins je passe mon temps à m'étourdir, et puis, je ne suis pas un homme, moi...

— Signore, interrompit Tyrrel, je pouvais penser cela, mais non pas le dire.

— Vengez-vous, sir Edmund, je vous en ai donné sujet.. Je suis, pour continuer ma pensée, un pauvre esclave; je me suis donné sans réserve...

— On m'avait dit vendu, signore.

Angelo se leva brusquement et repoussa Lovely du pied.

— Donné, monsieur, donné! s'écria-t-il. Je suis gentilhomme, moi, entendez-vous, et si j'ai mis ma volonté au service d'une volonté plus haute et plus forte, ce n'a pas été pour de l'or.

— Le bruit public peut se tromper, signore, dit Tyrrel avec une vindicative ironie.

— Le bruit public, dites-vous ?... Ah! c'est que vous me toisez à votre aune, messieurs !... c'est que vous me croyez votre semblable et que vous ne voyez en don José, mon ami, — mon maître, je l'avoue avec orgueil, — vous ne voyez en lui que le côté qu'il vous montre, à vous, vils instrumens de ses desseins... Si vous saviez...

— Quoi? demanda Tyrrel en s'approchant avidement.

Angelo se mordit la lèvre jusqu'au sang.

— A bas, Lovely! grommela-t-il en rougissant; — que diable, maître Tyrrel ou sir Edmund, ne me regardez pas ainsi; vous ne verrez rien puisque vous êtes aveugle !... Que voulez-vous?... si vous ne m'aviez pas interrompu, — ce dont je vous remercie, monsieur, — j'allais dire quelque sottise.

—Le marquis a donc des desseins que nous ne connaissons pas? prononça sourdement l'aveugle.

— Ai-je dit cela?... C'est bien possible... Ce qu'il y a de certain, c'est que ces desseins me sont inconnus comme à vous... Don José m'aime, mais je ne suis pas son confident, et j'en remercie Dieu, car j'ai la langue légère... Tout ce que je sais, c'est que son cœur est grand, son intelligence forte et sa volonté indomptable... La réunion de ces trois choses s'appelle le génie, sir Edmund, et, avec du génie, on ne se borne pas à pêcher en eau trouble comme vous, quoiqu'on doive reconnaître que vous mettez la main sur de jolis poissons parfois... Comment se nomme cette belle fille, s'il vous plaît?

— Susannah, signore.

— Et qu'en comptez-vous faire?

— C'est une question.

L'aveugle se prit à parcourir la chambre de long en large et parut bientôt absorbé dans ses réflexions.

Le cavalier Angelo Bembo le suivait d'un regard boudeur et chagrin.

— Qu'avais-je besoin de parler à cet

homme! murmura-t-il enfin avec humeur; — un mot de plus, et je trahissais un secret qui n'est pas le mien... un secret qu'on ne m'a pas confié, que j'ai deviné par hasard et que ma pauvre cervelle est trop étroite pour contenir!... Peut-être en ai-je trop dit.

Angelo pouvait avoir vingt-deux ans. C'était un de ces beaux enfans au profil grec, que les peintres d'Italie allaient chercher jadis au delà des mers, dans les îles méditerranéennes, pour les jeter sur la toile avec des noms de dieux ou de héros mythologiques. Il y avait dans le regard de ses grands yeux noirs, perçans et doux à la fois, une vive intelligence et l'annonce d'un téméraire courage; mais l'ensemble de ses traits, quelque parfait qu'il fût dans son harmonie, laissait percer une sorte d'irritabilité féminine et aussi de capricieuse faiblesse, mêlée à l'insouciance d'un enfant. Angelo devait être dans un bal un charmant cavalier, sur le terrain un fougueux adversaire; mais là où il fallait montrer de la force d'âme, de la prudence et de la longanimité virile, Angelo devait perdre son avantage.

Il était natif de Malte, où ses pères, Vénitiens d'origine, avaient tenu un fort grand état autrefois. La conquête anglaise avait ruiné sa famille, dont la chute avait commencé lors du passage du général Bonaparte allant conquérir l'Egypte.

Les Bembo avaient été obligés de quitter Malte par suite des vexations exercées contre eux par les agens de la colonisation anglaise, et Angelo, privé de ses parens presque au sortir de l'enfance, s'était trouvé jeté dans la vie sans fortune et sans appui.

Il commença gaillardement son tour d'Europe, comme font ces bandes d'Italiens qui, chassés par l'étouffante pression de la tyrannie étrangère, fuient leur patrie où ils ne trouvent plus que l'Autriche, et se lancent, les yeux fermés, dans la chanceuse existence de l'aventurier. — A Paris comme à Londres, Rio-Santo avait d'innombrables et mystérieuses relations dont les rameaux divers s'étendaient bien au delà des frontières de France. Il serait prématuré de donner actuellement au lecteur la clé de ces gigantesques manœuvres, combinées depuis si long-temps et gardant toujours depuis lors dans leurs divers rouages le jeu et l'activité du premier essai. Trop de bizarres événemens nous séparent des péripéties finales, pour qu'il nous soit permis de risquer déjà une indiscrétion, si petite qu'elle pût être.

Le jeune Italien fut présenté à Rio-Santo, qui se prit pour lui d'un intérêt presque subit en écoutant le récit des persécutions qu'avait subies sa famille de la part de l'Angleterre. Angelo resta désormais auprès du marquis et le suivit lorsque ce dernier passa à Londres.

Là, ils se séparèrent en apparence. Angelo reprit pour le monde sa qualité de jeune gentilhomme italien et sa position indépendante.

Son rôle fut de grossir le nombre des admirateurs désintéressés de Rio-Santo et d'augmenter ainsi son prestige. Nous l'avons vu dans l'exercice de ces fonctions au bal de Trevor-House.

Mais il avait toujours ses entrées privées au palais de Belgrave-Square. Rio-Santo l'aimait véritablement, et Angelo répondait à cette amitié par un dévoûment sans limites.

Tyrrel continuait de se promener. Angelo avait reprit sa sérénité et souriait à quelque pensée d'amour sans doute, tandis que ses doigts blancs et effilés jouaient avec distraction sous les longues soies de Lovely.

Tout-à-coup le beau chien se dressa sur ses

quatre pattes et poussa un hurlement joyeux. Puis il bondit vers l'une des portes de l'appartement qui s'ouvrit au même instant.

Rio-Santo entra, suivi du docteur Moore.

Il était pâle et semblait rendu de fatigue. Un large cercle bleu cernait ses yeux éteints.

— Bien, Lovely, bien ! dit-il en repoussant le chien qui, peu habitué à ce traitement indifférent, se réfugia, triste, au pied de l'ottomane. — Bonsoir, Ange.

Il lui serra la main et l'attira tout contre lui.

— Allez prendre l'argent qui se trouve dans ma voiture, dit-il à voix basse ; — il y a dix mille livres sterling... Cela vient de la maison de Cornhill... Vous les porterez dans ma caisse.

Angelo salua et sortit.

— Qu'y a-t-il, sir Edmund? demanda le marquis ensuite; — docteur, je vous prie de m'excuser; veuillez vous asseoir : je suis à vous.

— Je viens savoir, répondit l'aveugle, si mon invention a été suivie de succès.

— Vous êtes un homme habile, sir Edmund, répliqua froidement Rio-Santo. Tout à réussi, et vous avez gagné aujourd'hui cent guinées que mon trésorier tient à votre disposition.

— Milord! commença l'aveugle en s'inclinant.

— Est-tout ? interrompit le marquis.

— Ce n'est pas tout, milord. J'avais à vous parler de cette jeune juive, Susannah.

— Susannah ! interrompit encore le marquis, mais cette fois avec douceur et comme si ce nom eût chatouillé agréablement son oreille.

L'aveugle ne put retenir un sourire qu'il fit disparaître bientôt, comme s'il eût deviné le hautain regard que lui lança Rio-Santo.

— Parlez, reprit ce dernier en se jetant avec fatigue sur l'ottomane.

Tyrrel demeura debout et poursuivit :

— Cette jeune fille, milord, est belle, comme vous l'avez pu voir, et admirablement propre à soutenir le rôle qui lui sera confié. Mais elle aime, et je crains....

— Qui aime-t-elle? interrompit vivement le marquis.

— Ce fou de Brian de Lancester, répondit Tyrrel.

— Brian!... c'est un de nos instrumens, murmura le marquis, trop bas pour que Tyrrel pût l'entendre, malgré toute sa bonne envie; — et parmi ces défauts que milords et miladies laissent en héritage à leurs enfans, il a gardé du moins un noble cœur... Je suis content qu'elle aime Brian de Lancester, sir Edmund.

—Vrai, milord! riposta l'aveugle. — En ce cas, je ne puis qu'être satisfait moi-même. Mais c'est une étrange fille...

— C'est une admirable enfant! dit Rio-Santo avec mélancolie.

— Adorable à coup sûr, milord, puisque Votre Seigneurie le juge ainsi; — mais elle ne ressemble point aux autres femmes. La crainte n'a sur elle aucun empire, et j'ai peur que quelques indiscrétions...

— Elle l'aime donc bien, sir Edmund?...

— D'un amour ardent et passionné, milord... Je dirais d'un amour sublime, si je ne détestais les grands mots que les poètes ont rendu ridicules.

— Vous êtes sévère, sir Edmund, — et ce Brian est bien heureux !

L'aveugle réprima un sourire, et Rio-Santo reprit après quelques secondes de silence :

— Le moment approche, sir Edmund, où tous ceux qui m'auront servi seront récompensés au delà de leur espoir et à l'abri de toute inquiétude... Veillez sur Susannah, car il est vrai qu'une indiscrétion pourrait, sinon tout perdre, du moins remettre le succès en question, mais ne la séparez point de Brian...

Cette jeune fille a su m'intéresser, sir Edmund, ne l'oubliez pas et agissez en conséquence.

Il cessa de parler. L'aveugle s'inclina profondément et sortit.

Rio-Santo resta seul avec le docteur Moore.

VI

DIPLOMATIE.

Après le depart de l'aveugle, le marquis demeura un instant pensif. Son beau visage, pâli par la fatigue, avait une expression attendrie. Deux ou trois fois il murmura le nom de Susannah, comme si ce nom eût fait vibrer au dedans de lui une corde aimée.

— Ce sont ses yeux murmura-t-il enfin, — mais plus fiers!... c'est son front, mais plus large : c'est toute sa beauté, mais plus hautaine et plus forte... Je voudrais la faire heureuse en souvenir de mon bonheur passé...

Il appela d'un geste le docteur Moore, qui s'était tenu à l'écart pendant son entretien avec Tyrrel. Le docteur s'approcha et se tint debout devant l'ottomane.

— Comment l'avez-vous trouvée? demanda Rio-Santo avec intérêt.

— Mal, milord, au plus mal! répondit

M. Moore en secouant gravement la tête. — L'origine toute morale de sa souffrance rend le traitement difficile, pour ne pas dire impossible... Je ne saurais à cela qu'un remède...

— Lequel?

— Le bonheur.

Rio-Santo fit un geste d'impatience. Un nuage de tristesse passa sur son front.

— Ne pensez-vous donc pas que je pourrais la rendre heureuse? murmura-t-il.

— La question n'est pas là, milord, s'il m'est permis de vous le dire. Vous savez mieux que personne l'état de trouble moral où vit depuis long-temps miss Mary Trevor... En ce moment, — nul ne peut savoir ce que couvre l'avenir, — en ce moment, elle aime le jeune Frank Perceval ; elle l'aime passionnément, milord... l'obsession dirigée contre sa faible nature a pu décevoir sa raison et lui cacher l'état de son cœur, mais, par une réaction philosophiquement explicable...

— Au fait, monsieur, je vous prie ! dit impatiemment Rio-Santo.

— Par une réaction explicable, continua lentement le docteur, son cœur se révolte, et c'est Frank qui, en définitive, récolte le fruit de tant de peines.

— Le croyez-vous réellement ?

— J'en suis intimement convaincu, milord. D'après ce qui s'est passé aujourd'hui, votre mariage avec miss Mary Trevor est une chose certaine, arrêtée... Mais à l'heure même où je vous parle, miss Mary pense à Frank ; miss Mary, brisée par des émotions que son tempérament débile ne sait point supporter, miss Mary mourante...

— Mourante, monsieur ! s'écria Rio-Santo en pâlissant.

— Mourante, milord... C'est-à-dire, je vais peut-être un peu loin. Miss Trevor peut vivre ainsi quelques mois encore...

— Fatalité ! murmura Rio-Santo avec colère et douleur; pourquoi la pauvre enfant s'est-elle trouvée sur mon chemin?

— Miss Mary, disais-je, reprit le docteur dont le visage restait impassible et serein, — vit en la pensée de ce jeune Perceval. Cet amour la soutient, mais la tue... Ah! milord, c'est un cas charmant et difficile, et du plus haut intérêt!

Rio-Santo ne l'entendait plus. Ses sourcils s'étaient froncés sous l'effort d'une muette et amère angoisse.

— Il le faut! dit-il enfin; ce mariage est une nécessité.

— Incontestablement, milord, incontestablement... mais voici épuisés désormais tous les moyens que l'état actuel de la science met à notre disposition... En apparence, le mal de miss Mary est une affection nerveuse qui atteint rapidement ses plus extrêmes limites. — Je l'ai traitée en conséquence : mes soins n'ont pas été couronnés de succès... Cela devait être... Le mal n'est pas de ceux que l'on combat à l'aide de calmans...

— Mais enfin, monsieur, n'y a-t-il plus d'espoir ?

— Permettez, milord ; si Votre Seigneurie a le temps de m'écouter jusqu'au bout, je répondrai implicitement à cette question... Et d'abord, je dois vous faire savoir qu'avant-hier j'ai fait l'essai d'un remède qui pouvait être souverain.

— Quel remède ?

— J'ai voulu empoisonner l'Honorable Frank Perceval, répondit le docteur avec un incroyable sang-froid.

Rio-Santo bondit sur son siége, et son front pâle se couvrit d'une épaisse rougeur.

— Vous avez voulu ?... commença-t-il avec violence.

— Empoisonner Frank Perceval, milord, acheva Moore sans s'émouvoir.

Rio-Santo s'était levé. Son œil lança un

éclair d'indignation, puis se fixa, lourd et sévère, sur le visage du docteur. Un instant, celui-ci soutint bravement ce regard ; mais il y avait dans la supériorité de Rio-Santo quelque chose de fascinateur, d'irrésistible. Moore fronça le sourcil, balbutia un murmure, et finit par baisser les yeux.

— Je vous avais donné, monsieur, une mission de confiance, dit Rio-Santo d'un ton de maître ; — je vous avais chargé de secourir Frank Perceval, dont j'avais épargné la vie, vous le savez, volontairement... Au lieu de le secourir, vous avez voulu l'assassiner, sans songer qu'un pareil acte, à part même son inexcusable infamie, pouvait jeter sur moi des soupçons odieux.. C'est là un coup hardi, monsieur, et dont je pourrais vous faire repentir.

— Je savais qu'il était votre rival, milord, et je voulais...

— Les gens qui me servent n'ont plus de volonté, monsieur.

— Eh! milord! dit le docteur avec un geste d'impatience, — vous êtes puissant, nous le savons; mais les besoins de l'association demandent impérieusement ce mariage, et je suis lord de la nuit, tout comme Votre Seigneurie.

— Tout comme moi! répéta le marquis avec un suprême dédain.

— Pardon, milord... tout comme vous.

Le docteur redressa une seconde fois sa raide taille, et rassembla tout son sang-froid pour relever les yeux sur Rio-Santo.

Il trouva le regard de ce dernier fixé sur lui et si plein de hautaine menace, qu'il perdit de nouveau contenance.

— Vous le savez, milord, reprit-il en donnant à sa voix une subite expression d'humilité, — nous avons mis en vous une confiance illimitée. Nos réglemens ne vous lient pas; vous avez des droits et pas de devoirs. A Dieu ne plaise que j'aie la prétention de me dire votre égal ! mais je vois ce mariage vous échapper... et je ne connais point dans Londres d'autres pairs d'Angleterre privés d'héritiers mâles et ne possédant qu'une fille.

Le marquis ne répondit pas tout de suite. Il fit un ou deux tours de chambre et revint se placer devant Moore.

— Si vous aviez réussi à empoisonner Perceval, dit-il, je vous jure sur l'honneur que je vous aurais fait pendre.

Moore tressaillit si visiblement, qu'il eût été manifeste pour tout observateur que la menace n'était pas une vaine rodomontade.

Rio-Santo se jeta nonchalamment sur l'ottomane.

— Mais vous n'avez pas réussi, reprit-il ; je vous fais grâce.

La pendule sonna huit heures en ce moment. Le marquis continua :

— Je n'ai plus que cinq minutes à vous accorder, monsieur, et vous n'avez pas répondu à ma question.

Moore eut un moment d'hésitation. Lui aussi, dans sa sphère, était un homme hautain et fort. Ce rôle de vassalité passive qui lui était imposé sans ménagement, révoltait tous ses instincts d'orgueil, mais il était retenu, faut-il croire, par un lien bien étroit et bien puissant, car il s'inclina respectueusement et répondit :

— Une ressource nous reste, milord. Elle est précaire, je dois le dire ; et qui sait d'ailleurs si elle ne soulèvera point quelqu'une des répugnances généreuses qui peuvent nous étonner parfois, mais que nous n'avons pas le droit de combattre, — à ce qu'il paraît.

— Expliquez-vous et dépêchez! dit Rio-Santo.

— Toute maladie a son antidote, milord; la nature est complète : la science seule est insuffisante et bornée... Il faut expérimenter. Or, expérimenter sur miss Trévor...

— Gardez-vous en bien ! s'écria vivement le marquis.

— Je suis heureux de voir que vous devancez ma pensée, milord : reste à expérimenter sur autrui. Mais ici, ce n'est point un cadavre coupé par morceaux qui pourrait éclairer mon ignorance. Il faut que j'interroge la vie ; il faut que, sur une jeune fille de l'âge de miss Mary, je provoque artificiellement des phénomènes semblables à ceux qui constituent les symptômes de sa maladie...

— Mais c'est affreux, monsieur ! dit le marquis avec dégoût.

— Oui, milord... ces symptômes évoqués, il faut que je les combatte, — en tâtonnant, — à l'aveugle...

— Mais ce peut être encore un assassinat !

— Oui, milord : il y a dix chances contre

une que la jeune fille dont je vous parle périra.

— Dans d'affreuses tortures ! après un long supplice !

— Oui, milord.

— Ne pouvez-vous trouver un autre moyen, monsieur ? dit Rio-Santo avec agitation.

— Si Votre Seigneurie le désire, je chercherai, mais le temps presse, et chaque heure de retard aggrave la position de miss Trevor.

Rio-Santo passa la main sur son front, où il y avait de grosses gouttes de sueur.

— Votre Seigneurie n'avait à me donner

que cinq minutes, dit le docteur Moore ; — les cinq minutes sont écoulées.

— Sauvez Mary ! prononça Rio-Santo d'une voix à peine intelligible.

Le docteur se dirigea vers la porte.

— Écoutez ! reprit le marquis ; — c'est pour de l'or que vous faites cela, monsieur ?

— Nous sommes à Londres, répondit Moore avec un demi-sourire ; — et je suis Anglais : la question est inutile, milord.

Cette sanglante satire de tout un peuple alluma dans l'œil de Rio-Santo un de ces éclairs d'indignation qui donnaient à son visage la puissance et la majesté du masque de Jupiter Tonnant.

— Ville de boue ! nation infâme ! murmura-t-il. — Eh bien ! monsieur, si vous voulez gagner... gagner beaucoup... gagner une fortune, sauvez Mary en épargnant cette jeune fille.

Le docteur regarda Rio-Santo comme s'il ne l'eût jamais vu jusque-là.

— Je tâcherai, milord, dit-il.

En passant le seuil, il ajouta entre ses dents :

— Peut-il donc y avoir dans le même cœur de l'ange et du diable !... Cet homme a fait pis que nous!... et j'ai vu son œil devenir humide à la seule pensée des souffrances d'une jeune fille qu'il ne connaît pas!...

Rio-Santo tira le cordon de soie d'une sonnette. Un domestique souleva une portière faisant face à la porte qui avait donné issue au docteur Moore.

— Quelqu'un attend-il, Toby? demanda Rio-Santo.

— Un gentleman enveloppé d'un manteau, milord... Il est entré tout seul par la porte de derrière...

— Introduisez ce gentleman.

La portière se souleva brusquement, et un

homme de grande taille, dont le visage était en grande partie caché par les fourrures d'un vaste manteau, entra dans la chambre d'un pas lourd et en faisant sonner sur les tapis les éperons de ses bottes molles, admirablement vernies.

— Comment est la santé de Votre Grâce ? demanda Rio-Santo en dessinant un salut de cour.

— Bien, bien, milord, répondit le nouveau venu, qui se débarrassa de son manteau et découvrit une figure osseuse, aux pommettes saillantes outre mesure, à la mâchoire chevaline, au front déprimé, fourré jusqu'aux sourcils d'une épaisse forêt de cheveux.

Il y avait dans cet ensemble de l'homme un peu et beaucoup du cheval : ses longues dents semblaient avoir faim d'avoine ; entre ces larges épaules, il y avait place pour cent coups de cravache, — ou de knout.

Sa Grâce était un Tartare.

Un prince tartare, ma foi ! Dimitri Nicolaewitsch, prince Tolstoï, ambassadeur du czar Nicolas auprès de Sa Majesté Britannique Guillaume IV.

Et, quand on savait que c'était un prince, on était tenté vraiment de trouver de la noblesse dans sa brusquerie, qui ressemblait un peu pourtant à de la brutalité ; quand on l'entendait nommer milord ambassadeur, on se sentait prêt à découvrir toutes sortes de choses fines, spirituelles, diplomatiques, dans le regard clignotant de ses petits yeux gris, qui étaient en observation, les matois, derrière le fourré touffu de deux gros sourcils crépus.

Par le fait, le prince Dimitri Tolstoï était un Tartare de mérite, soit dit sans raillerie aucune. Il avait su prendre, à Londres, une position de premier ordre, et y tenait pour ainsi dire la présidence effective du corps diplomatique.

Il se laissa tomber sur l'ottomane à côté de Rio-Santo.

— Marquis, dit-il, tout cela traîne en longueur, et l'empereur, mon maître, s'impatiente.

— C'est une chose fâcheuse, milord, répondit Rio-Santo doucement.

Le prince réprima un geste d'impatience.

— Vous semblez prendre bien philosophiquement le mécontentement du czar, monsieur, dit-il.

— C'est une chose fâcheuse, milord, répéta Rio-Santo. Je ne puis rien dire de plus, et j'ai coutume de caractériser ainsi tous les événemens malheureux qu'il n'est point en mon pouvoir d'éviter.

— A la bonne heure, marquis, à la bonne

heure ! cela veut dire alors : c'est une nouvelle désastreuse, c'est un coup cruel...

— Cela veut dire, milord : c'est une chose fâcheuse, et rien de plus.

Le Russe fronça ses gros sourcils.

— Par saint Nicolas, monsieur s'écria-t-il, vous en parlez bien à votre aise !... Ne semblerait-il pas que c'est là une de ces contrariétés qui peuvent arriver tous les jours !... Quand Sa Majesté Impériale entre en courroux contre un de ses agens, monsieur, il faut que cet agent tremble et s'humilie...

— Je ne sais pas trembler, milord, interrompit Rio-Santo sans élever la voix, et j'ai trop peu d'orgueil pour avoir occasion de m'humilier jamais. Permettez-moi, d'ailleurs, de rectifier une expression qui vous est sans doute échappée : vous m'avez rangé au nombre des agens de Sa Majesté Impériale...

— Et qu'êtes-vous donc, s'il vous plaît, milord ?

— Prince, il faudrait peut-être une bien longue histoire pour répondre à cette question ; je n'ai point le loisir de la conter, ni vous celui de l'entendre. Je me bornerai donc à vous dire ce que je ne suis pas : — Je ne suis pas l'agent de votre maître, milord.

Le Russe laboura le tapis d'un violent coup d'éperon.

— Pardieu ! monsieur, reprit-il sans plus dissimuler sa colère, voilà une audace étrange et à laquelle je ne pouvais m'attendre ! Après avoir déposé entre vos mains des sommes énormes...

— Dont je remercie Votre Grâce sincèrement et du plus profond du cœur. Elles ont puissamment servi mes projets.

— Après m'être laissé prendre à de menteuses promesses...

— Pas un mot de plus, milord ! dit Rio-Santo d'une voix brève et avec un regard souverain, devant lequel l'orgueilleuse colère du Tartare tomba comme par enchantement

— Pardon, milord, d'avoir interrompu Votre Grâce, reprit aussitôt Rio-Santo de son ton ordinaire. Vous alliez prononcer de ces paroles qui nécessitent un châtiment positif, et j'ai besoin de ne pas perdre la coopération de Sa Majesté Impériale... Veuillez bien me comprendre, milord, et ne point rompre pour des motifs frivoles un pacte qui nous est mutuellement avantageux.

— A merveille ! murmura Tolstoï ; — nous allons traiter de puissance à puissance, à ce qu'il paraît : savoir, vous, monsieur le marquis, pour Votre Seigneurie, et moi pour l'empereur, mon maître... c'est charmant.

— C'est vrai, du moins, milord, répliqua paisiblement Rio-Santo.

Le Russe joua de nouveau de l'éperon et cherchait une seconde querelle au tapis qui n'en pouvait mais.

— D'autant plus vrai, continua le marquis, que vos instructions, milord, renferment un paragraphe spécial qui me concerne.

— Comment savez-vous?...

— Permettez... Ces sommes, dont vous faites tant de bruit, ne complètent pas, additionnées, le contingent que vous étiez chargé de me remettre par Sa Majesté Impériale.

— Qu'est-ce à dire, monsieur?...

— Vous êtes mon débiteur d'environ trois cent mille roubles, milord.

Le prince ouvrit la bouche et regarda Rio-Santo avec de grands yeux ébahis.

— De trois cents à trois cent cinquante mille, acheva tranquillement ce dernier ; — j'ai les bordereaux dans ma caisse... Je suis sûr que Votre Grâce aura le bon goût de ne me point donner un démenti.

— Non, monsieur... non, sur ma parole ! dit le prince avec agitation ; — Sa Majesté m'avait, en effet, chargé... C'est une chose incroyable ! Soyez persuadé que mon intention... Mais, par le nom de l'empereur, vous avez donc un ambassadeur à Saint-Pétersbourg, monsieur ?

Rio-Santo s'inclina gracieusement, en signe d'affirmation.

— Comme vous voyez, milord, dit-il, nous traitons de puissance à puissance : savoir, Votre Grâce avec moi ; mon envoyé avec votre maître.

— Il y a de la diablerie là-dedans, murmura le Tartare... En tout cas, monsieur le marquis, ajouta-t-il avec une certaine courtoisie, je vous dois des excuses... Je savais que le czar estimait votre haut mérite, mais j'ignorais...

— Laissons cela, milord.

— Quant aux trois cent cinquante mille roubles...

— Laissons cela encore... Je veux que Votre

Grâce sache, afin d'être une bonne fois pour toutes fixée sur mon compte, que l'or de la Russie ne forme qu'une bien faible part de mes ressources... Et si vous aviez besoin, milord, pour le service de votre maître, de quelques avances... deux ou trois millions de francs... le double... ou même davantage, je vous prierais de me regarder comme étant très fort à votre disposition.

Rio-Santo dit cela d'un ton simple et sérieux qui ne permettait pas l'ombre d'un doute sur la sincérité de ses paroles.

Le prince, abasourdi de cette offre royale, quitta la posture cavalière qu'il avait prise sur l'ottomane et mit ses pieds en dehors pour cacher ses éperons.

VII

POLITIQUE.

Le prince Dimitri Tolstoï, ambassadeur de Russie, garda pendant quelques secondes un silence embarrassé. Il contemplait Rio-Santo à la dérobée, comme s'il eût voulu deviner tout d'un coup le secret de cet homme, qui, soulevant un coin du mystère qui l'entourait, venait de se montrer à lui sous un jour si étrange.

— M'est-il permis d'adresser une question à Votre Seigneurie ? lui demanda-t-il enfin.

— D'ordinaire, répondit Rio-Santo en souriant, Votre Grâce me questionne sans savoir si tel est mon bon plaisir... Faites, milord, je vous prie.

Tolstoï rougit, et ses petits yeux gris se baissèrent en même temps que la ligne de ses épais sourcils.

— Ceci est un reproche, dit-il, et je ne sais en vérité si je dois me permettre...

— Faites, milord, je vous supplie.

Le prince hésita un instant encore, puis, comme si cette question eût soulevé d'elle-même la chair épaisse de ses grosses lèvres, il reprit :

— Connaissez-vous particulièrement l'empereur, monsieur le marquis ?

— Oui, milord.

— Ah ! fit Tolstoï en couvrant son maintien d'une nouvelle couche de réserve courtoise.

— Nicolas Paulowitsch, continua Rio-Santo, m'a fait l'honneur d'écouter certains plans qui n'étaient alors dans ma tête qu'à l'état de vagues projets... J'étais admis en sa présence, le soir, après la réception de la cour, — et bien souvent le jour naissant est venu mettre un terme à nos entretiens.

— En vérité, monsieur le marquis ! dit le prince en se faisant petit sur l'ottomane.

— Oui, bien souvent, reprit Rio-Santo, qui semblait emporté par ses souvenirs. — Une fois, après une longue conversation où je m'étais laissé aller à tout l'enthousiasme de mon ardente religion politique, Sa Majesté daigna me prendre la main, et attacha sur ma poitrine cette croix que vous y voyez.

Il montrait la croix de commandeur de Saint-George de Russie qui brillait entre les insignes de l'Aigle-Rouge de Prusse et ceux de l'ordre de Marie-Thérèse d'Autriche.

Le prince se leva à demi et redressa sa grande taille dans toute la rigueur d'une tenue d'étiquette.

—Nicolas Paulowitsch, reprit encore Rio-Santo, se souvient de moi, milord, et je lui garde moi-même une respectueuse place au fond de ma mémoire. Ma foi politique diffère de la sienne autant que le jour diffère de la nuit, — mais une passion commune nous rapproche, moi, le faible particulier et lui le puissant prince : nous nous rencontrons dans la même haine... Ah! quels que soient ses torts envers le monde et la liberté, votre empereur a une âme robuste, prince, et une volonté royale !

Le marquis se tut et sembla revenir par la pensée à des temps déjà loin de lui. Tolstoï, raide, silencieux, restait immobile comme tout Russe bien élevé devant son supérieur.

Rio-Santo avait pris pour lui des proportions fantastiques, et cette main qui avait touché la main de Nicolas lui semblait rayonner une lueur surhumaine.

— Pardon, milord, dit tout-à-coup Rio-Santo en secouant sa rêverie. Nous voilà bien loin du motif de votre visite. Vous étiez venu me demander une explication...

— Une explication à vous, monsieur le marquis ! à Dieu ne plaise !

— Votre Grâce a une mémoire de cour ! repliqua Rio-Santo en souriant ; — il n'y a pas un quart d'heure que vous me demandiez compte, comme à votre agent...

— Que Votre Seigneurie ne m'accable pas ! dit piteusement le prince ; — S. M. l'empereur, mon auguste maître, ne m'avait point appris à quel homme j'aurais l'honneur insigne de transmettre les fonds qu'elle me faisait tenir, et je croyais...

— Que croyiez-vous, milord ?

— Votre Seigneurie ne peut-elle se contenter de mes sincères et respectueuses excuses? murmura Tolstoï, avec une humilité sous laquelle il y avait déjà bien de la rancune.

— Vous croyiez, reprit Rio-Santo, avoir affaire à un de ces aventuriers désespérés qui spéculent sur les passions secrètes des têtes couronnées, et parviennent, à force de mensonges, d'intrigues et de manœuvres, à soutirer aux princes quelque subvention, — opulente ou misérable, — suivant qu'ils portent comme moi un noble nom et des cordons sur la poitrine, ou, comme certains, un nom de roture et un habit qui a vu de trop longs jours... Vous croyiez déroger, pour ainsi dire, en vous abouchant avec moi...

— Ah ! monsieur le marquis !.... dit le prince.

— Vous vous demandiez, milord, s'il n'était pas intolérable et choquant de voir un homme comme Votre Grâce se déranger pour un petit marquis, — de contrebande peut-être... En vérité, je ne puis vous en vouloir.

— Sur mon honneur, monsieur le marquis....

— Mais ce qui a porté le comble à votre mauvaise humeur, prince, c'est que ce petit marquis n'a pas supplié Votre Grâce de lui prêter le soutien de ses hautes lumières ; que, loin de là, il a eu la maladresse grande de garder pour lui ses plans et ses projets....

J'avoue, milord, que les torts sont en ceci de mon côté... Mais, s'il faut le dire, ma vie est plus occupée que celle des autres hommes, parce que les plaisirs du monde et ces heures d'oisiveté forcée que la mode impose sont pour moi une étroite, une sérieuse obligation... Si j'étais forcé de m'ouvrir à tous ceux qui pensent avoir le droit de m'interroger, je manquerais l'heure du Park et passerais auprès de nos ladies pour un homme d'affaires.... C'est une choses terrible, voyez-vous : on me prend déjà pour un diplomate.

Rio-Santo attira sous soi un des coussins de l'ottomane et y posa nonchalamment la tête.

Le prince se leva.

— Milord, dit-il en saluant avec raideur, je n'ai rien en moi, je le sais, qui puisse me valoir la confiance de Votre Seigneurie... Je confesse, avec franchise, que le mystère de votre conduite m'a puissamment intrigué jusqu'à présent, — non pas comme simple particulier, mais comme représentant de l'empereur, mon maître. — Je savais que vous aviez entre les mains une mission de haut intérêt dont j'entrevoyais jusqu'à un certain point le but, sinon les moyens ; — je vous faisais tenir des sommes qu'il m'était permis de regarder comme très considérables ; peut-être était-il naturel....

— Très naturel, prince, et vous ne pouviez

penser autre chose, sinon que l'argent de votre souverain servait à entretenir ce luxe quasi-royal dont je m'entoure...

— Je n'ai pas dit cela, monsieur le marquis.

— Vous l'avez pensé, milord.

Tolstoï s'inclina de nouveau.

— Monsieur le marquis, dit-il en laissant définitivement percer sa mauvaise humeur, — j'ai voulu vous faire des excuses; on ne peut exiger davantage d'un gentilhomme, et pourtant vous ne me tenez pas quitte, à ce qu'il paraît... Comme je ne vois pas bien le but d'utilité d'une explication poursuivie sur ce ton hostile ou tout au moins équivoque, je vais prendre congé de Votre Seigneurie, me déclarant à ses ordres toutes les fois qu'elle voudra bien m'entretenir.

Rio-Santo se souleva à demi.

— Vous aurai-je blessé sans le vouloir, milord? demanda-t-il.

Il y a des Russes qui ont assez de cour pour doubler sans encombre ces caps hérissés de pointes d'aiguilles qui foisonnent sur l'océan diplomatique. Mais ces Russes-là sont rares. L'Italie, quelques territoires d'Allemagne, quelques zones de la France méridionale, voilà des pays féconds où les Machiavels au petit pied croissent sans culture! Le prince Dimitri Tolstoï ne sut point *amener* à temps, comme disent les marins. Voyant Rio-Santo faiblir, il eut la mauvaise idée de reprendre sa morgue première, et fit une réponse où l'élément tartare dominait au plus haut degré. Rio-Santo reprit avec sévérité :

— Brisons sur ce point, s'il vous plaît, milord. Vous êtes venu chez moi m'interroger comme aurait pu faire un supérieur envers son subordonné. J'ai dû rétablir la sincérité de nos positions respectives et prolonger la leçon, afin que Votre Grâce ne soit point exposée à l'oublier désormais... Maintenant, milord, s'il vous plaît de vous rasseoir et de m'écouter, j'aurai l'honneur de vous soumettre une proposition importante.

Le Russe essaya de sourire, mais cet effort

malencontreux ne produisit qu'une assez maussade grimace, sous laquelle perçait un violent dépit et une rancune contenue par la crainte, qui ne demandait qu'à se faire jour.

Il reprit place de mauvaise grâce sur l'ottomane.

— Il m'est revenu, milord, commença Rio-Santo en le couvrant de son regard brillant et serein, — que Votre Grâce exprime volontiers sur mon compte une opinion des plus sévères. Je serais, selon vous, exclusivement occupé d'intrigues galantes, de gageures insensées, de courses au clocher... que sais-je?... On m'a dit même que vous m'accusiez de passer de longues heures en profondes méditations sur la coupe d'un habit...

Tolstoï fit un geste de véhémente impatience.

—Vous m'aviez annoncé, monsieur le marquis, interrompit-il brusquement, que nous allions nous occuper de choses sérieuses.

— Votre interruption, milord, répliqua Rio-Santo, me prouve que vous regardez vous-même ces allégations comme de pitoyables plaisanteries... J'espère ne vous point faire changer d'avis dans la suite de cet entretien, et je suis assuré qu'il ne vous arrivera jamais de parler de moi légèrement à vos momens perdus... Venons au fait : j'ai un service à vous demander, milord.

Le prince leva sur Rio-Santo ses yeux gris

étonnés, et les replaça immédiatement sous l'abri de ses gros sourcils. Sa figure se rasséréna subitement. Depuis dix minutes, le marquis le tenait sur la sellette avec une rigueur inouïe, et il entrevoyait avec bonheur la possibilité d'une petite vengeance. Quelle que fût la demande de Rio-Santo, le Russe était bien déterminé d'avance à la repousser. C'est pourquoi il répondit sans hésiter :

— Monsieur le marquis, je suis tout à vous.

Rio-Santo ouvrit le tiroir d'une table en vieux-laque et y prit un papier qu'il tendit à l'ambassadeur.

— Veuillez d'abord prendre connaissance de cet écrit, milord, dit-il.

Le Russe déplia le papier et en commença aussitôt la lecture. — Rio-Santo, pendant ce temps, avait tiré de son sein un portefeuille et s'occupait à mettre en ordre divers documens, sans prendre la peine de suivre sur la physionomie du prince l'effet produit par l'écrit que ce dernier avait entre les mains.

La physionomie du prince Dimitri Tolstoï méritait pourtant d'être observée en ce moment. A mesure qu'il avançait dans sa lecture, ses sourcils s'abaissaient davantage sur ses yeux, tandis que sont front, se plissant comme le corsage annelé d'un insecte, ramenait la racine rigide de ses cheveux jusqu'à la naissance de ses sourcils. De temps à autre, tout cela se détendait par un jeu de muscles instantané : la peau du front se déplissait, les cheveux remontaient, et l'œil gris, glissant un regard rapide sous les poils relevés des sourcils, semblait chercher sur la figure de Rio-Santo un commentaire au manuscrit confié.

La figure de Rio-Santo n'expliquait rien. Il lisait, lui aussi, et paraissait ne point songer au prince Dimitri Tolstoï.

Parvenu à la fin de sa lecture, celui-ci laissa échapper une exclamation de surprise.

— C'est le plan de Napoléon ! murmura-t-il.

Rio-Santo ferma son portefeuille.

— Le plan de Napoléon, agrandi et approprié à l'état de paix européenne, continua le Russe en se parlant à lui-même.

— J'ai eu l'honneur de voir S. M. l'empereur des Français à Sainte-Hélène, l'année qui précéda sa mort à jamais regrettable, répondit Rio-Santo; — lui aussi haïssait ardemment tout ce que je hais... J'ai pu mettre à profit, milord, les enseignemens de sa haute et lumineuse parole. Ce projet, — qui n'est qu'une partie de mon plan, à moi, — me fut en effet suggéré par le grand homme que la poltronnerie brutale de Wellington, ce demi-dieu grotesque, et les rancunes de l'Europe tant de fois vaincue, enchaînaient à ce mortel écueil où s'est usée sa vie... Ce projet a-t-il eu l'approbation de Votre Grâce?

— Ce projet n'en a pas besoin, milord, répondit Tolstoï qui se mit aussitôt sur la réserve.

— Au contraire, milord, et je compte absolument sur vous pour en poursuivre efficacement l'exécution commencée.

— Sur moi! répéta Tolstoï de ce ton amphibologique qui ne préjuge rien, n'entame rien, et laisse faculté entière de dire oui ou bien de dire non, suivant les circonstances.

— Sur vous, et sur vous seul, milord.

Tolstoï fit un salut tout aussi équivoque

que sa précédente réponse.

— Sur vous, reprit Rio-Santo, parce que votre habileté connue vous a fait parmi le corps diplomatique une position importante, à laquelle ajoute le rang de la puissance que vous représentez.

— Mais, monsieur le marquis, d'autres que moi pourraient...

— Je ne le pense pas, milord.

— L'ambassadeur de France...

— Peut être aussi influent que vous, je n'en disconviens pas... mais je n'ai sur lui aucun moyen d'action, et sa cour reste en dehors de mes relations diplomatiques personnelles.

— C'est un malheur, monsieur le marquis, dit le Russe dont le visage prit une expression sèche et glacée.

Rio-Santo ne releva point ce mot, et Tolstoï continua après quelques secondes de silence :

— Quelque admiration que puisse m'inspirer ce produit de votre imagination très féconde, monsieur le marquis, quelque sympathie que j'éprouve naturellement pour un projet dont l'accomplissement servirait, je dois en convenir, au plus haut point la politique de l'empereur, mon maître, je serai forcé, si Votre Seigneurie veut bien le permettre, de me tenir à l'écart dans cette circonstance.

— Oserais-je vous demander pourquoi, milord?

— Parce que, monsieur le marquis, répondit Tolstoï dont le petit œil lança un rapide éclair de méchante moquerie, — parce que je suis un homme positif et non point un poète; parce que, malgré tout mon désir de vous être agréable, je ne puis voir dans votre plan qu'une très ingénieuse utopie, et que l'ambassade russe a mission de s'occuper exclusivement de réalité.

— Ainsi, vous me refusez votre concours, milord?

— Vous m'en voyez sincèrement désolé, monsieur le marquis... Votre rêve, exécuté, serait à coup sûr une terrible estocade portée au cœur de l'ennemi commun... mais...

Tolstoï affecta une hésitation polie.

— Mais quoi? demanda Rio-Santo doucement.

— Mais ce n'est qu'un rêve, monsieur le marquis, un rêve où il y a du génie, beaucoup et quelque peu de fièvre... S'il m'était permis de donner mon humble opinion à Votre Seigneurie, je lui conseillerais de dormir là-dessus et de songer un peu à Napoléon, — qui est mort à Sainte-Hélène pour avoir voulu tenter ce que vous me proposez. Et pourtant, Napoléon, empereur, commandait à la plus vaillante nation qui soit au monde.... et pourtant, Napoléon, guerrier sans rival, politique de premier ordre, avait eu l'initiative de votre projet, chose capitale pour réussir, vous ne pouvez l'ignorer, milord... De sorte que, en bonne justice, ce qu'il y a de génie dans votre rêve doit lui être attribué, tandis que la fièvre...

Tolstoï sourit, salua et se dirigea une seconde fois vers la porte.

— Vous êtes sévère, milord, dit Rio-Santo sans paraître chercher à le retenir; — je me verrai forcé d'en appeler à l'empereur, votre maître.

—A merveille, monsieur le marquis; mais d'ici là...

—Combien croyez-vous qu'il faille de temps, milord, pour avoir une lettre de Sa Majesté Impériale ? interrompit Rio-Santo avec nonchalance.

Ce disant, il rouvrait son beau portefeuille et introduisait une clé microscopique dans la serrure de l'un des compartimens.

Tolstoï eut un mouvement d'inquiétude.

— Combien de temps ! balbutia-t-il, je pense...

— Il faut une minute, milord, poursuivit Rio-Santo en relevant son regard hautain sur Tolstoï cloué au seuil. — Que Votre Grâce veuille bien s'approcher et lire... Cette fois il ne s'agira plus d'un rêve.

Il tira de son portefeuille une large enveloppe cachetée aux armes de Romanoff, surmontées de la couronne impériale.

Tolstoï n'eut pas plus tôt aperçu ce cachet qu'il courba la tête et croisa ses deux mains sur sa poitrine, comme font, dit-on, les visirs turcs devant le cordon de soie qui va les étrangler.

— Lisez, milord, répéta Rio-Santo.

Le prince prit l'enveloppe et la porta jusqu'à ses lèvres avec cette affectation de mystique respect qui est au fond de tous les rapports de sujets à prince en Russie. Il déplia lentement l'enveloppe, sans rompre le fil de soie qui l'attachait, et en sortit un carré de papier auquel pendait le sceau privé de l'empereur.

Le papier était blanc, mais Tolstoï savait ce qu'il avait à faire et n'avait plus envie de se montrer récalcitrant. Il s'avança vers le foyer et approcha le papier de la flamme.

Au bout d'une demi-minute, des caractères tracés en encre verdâtre parurent sur la blancheur du papier.

Il n'y avait que deux lignes, écrites en chiffres, et une signature.

Tolstoï prit à son tour dans son portefeuille un papier, froissé, fatigué par un long usage, et l'étendit sur la tablette de la cheminée, auprès du billet au cachet impérial. Le papier froissé était une clé chiffrée. Voici ce qu'épela milord ambassadeur.

« Notre volonté est que Dimitri Nicolae-witsch Tolstoï obéisse aux instructions que pourra lui donner don José-Maria Tellès de Alarcaon, marquis de Rio-Santo. »

Le prince tourna et retourna la missive dans tous les sens ; il la compara minutieusement à la clé chiffrée, et finit par la remettre au marquis en disant :

— Milord, voilà qui est péremptoire. Usez de moi comme il vous plaira.

Une longue et sérieuse conférence s'ensuivit entre le marquis et l'ambassadeur. Ce dernier céda sur tous les points et s'engagea formellement à travailler les divers chargés d'affaires résidant à Londres dans le sens des projets de Rio-Santo, puisque tel était le bon vouloir de Sa Majesté Impériale.

— Milord, dit le marquis en finissant, votre besogne sera facile. Cette tyrannie que nous voulons briser menace de peser bientôt sur le monde entier, et le monde entier par conséquent a intérêt à le secouer... Le poids de la volonté impériale exprimée par vous, son organe officiel, suffira seul à faire pencher la balance, car chacun des diplomates que vous allez voir et aussi chacun de leurs maîtres ont été sollicités à part et ne demandent qu'à se laisser faire..... D'ailleurs, songez bien que d'autres mesures, et des mesures plus terribles, seront prises pour frapper le colosse partout à la fois..... Un mot encore..... Vous comprendrez désormais, j'espère, pourquoi je donne ma vie entière, — ma vie apparente, — à ces passe-temps frivoles dont vous m'avez fait si souvent un crime. Vous comprendrez pourquoi je me suis fait le roi de la mode, pourquoi je m'entoure d'un luxe oriental, c'est votre mot favori, milord, pourquoi j'occupe enfin tous les échos de West-End du bruit de mes intrigues amoureuses... C'est que... c'est que, Dieu me pardonne, j'obéis en ceci à ma nature... Ensuite, c'est que Londres doit voir en moi le contraire de ce que je suis, ou, pour m'exprimer mieux,

Londres ne doit me voir que sous l'un de mes aspects et croire que je suis tout simplement l'homme le plus élégant, le plus galant et celui qui possède les plus beaux chevaux des Trois-Royaumes... On est mieux caché sous ce rôle que sous un masque, milord, et mon manteau pailleté vaut bien les haillons du Romain Brutus..... Or, Brutus jeta bas un trône, vous savez......

Le prince Dimitri Tolstoï se retira par la porte de derrière qui lui avait donné entrée.

Resté seul, Rio-Santo se laissa tomber, épuisé, sur l'ottomane. Il était dix heures du soir environ. D'ordinaire, le marquis passait une grande partie de la nuit à rattraper le temps que lui volait le monde, mais, ce soir, la fatigue fut plus forte que sa volonté. Tandis qu'il essayait de réfléchir, sa tête se pencha sur les coussins de l'ottomane : il s'endormit.

Son sommeil fut agité et inquiet. La pendule, sonnant les douze coups de minuit, l'éveilla en sursaut. Il se leva, mais au premier pas qu'il fit, son pied se heurta contre le corps d'un homme étendu sans mouvement sur le tapis.

Ce n'était pas un malfaiteur, car le robuste et beau Lovely s'était couché auprès et léchait son visage en aboyant plaintivement.

Rio-Santo se mit à genoux. L'homme qui gisait sur le tapis avait la face souillée de sang et ses cheveux mouillés tombaient, épars, autour de lui.

Son costume écossais était également trempé d'eau et taché de sang.

Rio-Santo poussa un cri de surprise en voyant les traits de cet homme. Il s'élança et saisit une bougie, car il ne pouvait en croire ses yeux. La bougie lui montra qu'il ne s'était point trompé.

— Angus! Angus! s'écria-t-il; — mon frère!

Le laird ne bougea pas.

Rio-Santo le souleva et l'étendit sur l'ottomane. — Il y avait des larmes sous les fières prunelles du marquis.

— Angus! Angus! répéta-t-il.

Le laird ouvrit les yeux et promena autour de lui son regard éteint.

— Toutes deux! toutes deux, mon Dieu! râla-t-il d'une voix déchirante, toutes deux perdues!...

Puis ses yeux se refermèrent, et il tomba pesamment à la renverse.

VIII

SOLITUDE.

C'était une semaine environ après les événemens que nous avons racontés aux précé-
dens chapitres.

Susannah se trouvait seule dans le petit salon où nous l'avons vue déjà, s'entretenant avec Brian de Lancester. Elle tenait un livre à la main, et ses yeux humides erraient vaguement sur les plaques de givre dont les scintillantes cristallisations recouvraient à l'extérieur les carreaux des croisées.

Il y avait dans sa pose plus de calme et dans son regard plus de réflexion que naguère. Son beau front n'était pas plus intelligent, mais on découvrait quelque chose en elle de moins indécis et de plus humain, pour ainsi dire. Elle était moins en dehors des conditions communes. On la pouvait comprendre mieux, et chacun de ses mouvemens ne ressemblait plus autant à un problème.

C'est que, depuis huit jours, Susannah avait

fait bien des pas dans la vie. Sa muette existence de malheur avait pris fin brusquement. Deux âmes s'étaient trouvées pour accueillir et provoquer les naïfs élans de son âme. L'atmosphère d'ignorance et de morne douleur qui l'avait si long-temps oppressée, venait de laisser passer un rayon du soleil.

Depuis une semaine, elle voyait presque chaque jour lady Ophelia, comtesse de Derby, et Brian de Lancester.

Lady Ophelia lui enseignait doucement la vie. Elle n'avait point essayé de surprendre le secret de Susannah, bien que, douée de cette magique baguette qui est aux blanches mains de toute femme du monde, elle eût deviné du premier coup d'œil qu'il y avait un mystère étrange sous ce titre de princesse, porté par une enfant, hautaine il est vrai, et noble, et superbe, et sachant soutenir comme il faut l'aigrette de diamant qui pesait sur sa noire chevelure, mais étrangère à ces mille façons convenues, à ces toutes petites règles qui sont la syntaxe de la grammaire mondaine ; un mystère aussi sous ce veuvage d'une vierge : car Susannah était vierge d'âme et vierge de corps ; lady Ophelia ne pouvait l'ignorer : elles avaient si souvent et si longuement parlé d'amour !

Et, tout en respectant le secret de Susannah, lady Ophelia s'en était fait une idée assez voisine de la réalité, pour entrer de plain saut dans la conscience de la belle fille, pour la comprendre, pour expliquer les extraordinaires écarts de son caractère, jugé au point de vue exclusif du monde, pour admirer même ce qu'il y avait de suave et de grand sous cette écorce sauvage que des regards moins amis n'auraient pas su percer.

Entre lady Ophelia et Susannah, il y avait une sorte de prédestination de tendresse mutuelle. Elles s'étaient aimées de prime-abord et de cette romanesque façon que les poètes prennent la peine d'expliquer en beaucoup de vers, quoiqu'elle soit la chose du monde la plus naturelle et la plus commune. Au bout de huit jours elles étaient sœurs.

Lady Ophelia, moins jeune et plus experte des choses du monde, jouait le rôle de la sœur aînée, ce doux, ce patient mentor qui remplacerait une mère, si une mère pouvait être remplacée. Susannah, plus ignorante, mais plus forte, et douée peut-être d'une intelligence supérieure, était l'élève, en attendant qu'elle devînt la maîtresse.

C'était une chose étrange et charmante que les entretiens de ces deux jeunes femmes, où l'une découvrait en elle à chaque mot quelque sentiment inconnu ou non révélé; où l'autre, pour qui la vie n'avait plus de secrets, s'étonnait, attendrie, en suivant, au fond d'un cœur neuf et ardent, le travail de l'initiation aux choses de la vie.

Car Susannah, comme notre mère Eve, arrivait à l'âge de la femme avec l'ignorance complète de l'enfant. Depuis huit jours seulement elle goûtait le fruit de la science du bien et du mal. Jusque-là, tout enseignement moral, de même que tout moyen de s'intruire par la comparaison ou l'observation, lui avait manqué. Elle était réellement sauvage au milieu de notre civilisation exagérée, et sa jeunesse, pour ne s'être point passée en un cachot, comme celle de Gaspard Hauser, avait été pourtant pareillement séquestrée. On avait mis, perfidement et dans un but, un voile épais au devant de ses yeux. On lui avait caché soigneusement tout ce qu'une femme doit savoir.

Et, depuis qu'avait cessé le pervers effort de cette tyrannie, — depuis que son père avait été pendu, — Susannah, jetée brusquement dans le dénument le plus absolu, au milieu de Londres qui n'a pitié d'aucun dénument, Susannah s'était endormie, comme nous l'avons vu, en un apathique et fatal désespoir. La pauvre fille n'avait eu, pour lutter contre la misère, ni la religion qui console, ni l'honneur humain qui parfois soutient. Elle ignorait jusqu'au mot de religion, puisque son père, juif de nom et mécréant de fait, comme sont beaucoup de chrétiens, l'avait tenue rigoureusement éloignée de tout ce qui élève et forme le cœur.

On lui avait appris à chanter, à danser et à se parer.

Dès ses premières années, on avait attaché sur ses yeux un bandeau, afin que devenue femme, elle pût tomber, sans savoir, dans la honte, et entrer de plain pied dans l'infamie.

Elle était, la pauvre fille, victime d'un patient et horrible travail. Bien des femmes que le monde idolâtre et respecte, bien des *saintes* de salon, bien des *anges* de boudoir, fussent devenus démons à pareille école. Mais Susannah n'était pas bonne seulement à faire un mondain fétiche. C'était une simple et grande nature, en qui le vice pouvait s'asseoir par trahison, sans jamais entamer l'âme et seulement comme ces usurpateurs d'un jour qui s'asseoient sur un trône et n'ont pas le temps d'en ternir le royal et légitime éclat.

Susannah était pure, bien qu'elle pût regarder sans dégoût la honte qu'elle ne connaissait pas. Susannah était pure, bien que huit jours seulement la séparassent du temps où elle ignorait la pudeur.

L'amour lui avait été une sauvegarde, l'amour et aussi, peut-être, à son insu, ce flambeau divin que Dieu met au fond de toute âme : la conscience. — Mais la conscience le plus souvent n'est que l'austère écho de vertus apprises et d'une morale enseignée. Or, Susannah ne savait rien.

Donc, malgré notre défiance de l'amour qui, en thèse générale, est un assez mauvais conseiller, nous sommes forcés d'appliquer en sa faveur la fameuse règle du droit romain : — *Suum cuique.* Ce fut lui qui retint Susannah sur le bord du précipice. La religion, l'honneur humain même eussent fait mieux peut-être; l'amour fit assez, ce qui est beaucoup.

A notre sens, on est bien sévère envers l'amour. Il perdit Troie, c'est vrai, mais il y a si long-temps ! Il a fallu tout le génie d'Homère pour qu'on se souvienne de cette vieille histoire.

Ce fut avec transport que Susannah but à cette coupe de science présentée par une main amie. Elle écouta, elle devina, elle déchira d'une main avide le rideau qui flottait devant son regard.

Elle lut avec une merveilleuse sagacité au fond du malheur de lady Ophelia, et lui donna de son cœur tout ce qui n'était pas à Brian.

Mais, en même temps qu'elle jouissait avec passsion de l'horizon nouveau qu'on ouvrait devant son regard charmé, elle apprenait à craindre et à rougir, et à douter.

La pudeur avait surgi au dedans d'elle tout d'abord et avait mis sur son noble front une séduction de plus. — Puis elle avait entrevu ces barrières que la société inflexible jette sur la route fleurie du bonheur ; — puis l'exemple de lady Ophelia, si belle, si bonne, lui enseignait les périls qui entourent la femme, l'inconstance, les regrets, l'abandon...

Elle était seule, comme nous l'avons dit, dans le petit salon qui lui servait de boudoir. Sa toilette avait suivi en quelque sorte un changement analogue à celui de son être. Elle ne ressemblait point encore tout à fait à celles que nos ladies partagent fraternellement avec leurs femmes de chambre, mais elle n'affectait plus déjà cette bizarrerie audacieuse et presque théâtrale qui fait ressortir la beauté, mais en diminue le charme. Ses riches cheveux noirs roulaient leurs molles spirales le long de sa joue, retenus seulement par derrière au moyen d'un peigne d'écaille. Une robe de soie noire, fermée, emprisonnait les contours exquis de son sein et ne laissait place autour du cou qu'à une étroite fraise de dentelles.

Cette mise simple, à laquelle Susannah donnait une ravissante élégance, lui rendait en retour la jeunesse que cachait le luxe de ses autres parures. C'était bien maintenant une jeune fille. Quelque chose de doux, de tendre, de rêveur, courait autour de son front penché.

Vous l'eussiez mieux aimée ainsi.

Mais elle était si belle! On l'aimait mieux toujours chaque fois qu'elle se montrait sous une face autre que le veille, parce que tout en elle était noble, gracieux, parfait et plein d'un irrésistible attrait.

Le livre qu'elle tenait demi-fermé dans sa main était un volume de Goldsmith, et son doigt tendu marquait la page où mistress Primrose (1) pleure sur la fuite sa fille.

---

(1) *The Vicar of Wakefield.* (*Le Ministre de Wakefield.*)

Susannah ne savait pas encore assez pour comprendre en son entier la sereine poésie qu'hexale cet inimitable récit. Ces calmes amours la touchaient, mais non point jusqu'à l'émotion, et les malheurs qui l'avaient accablée naguère étaient trop au dessus de ceux de la famille du ministre pour qu'elle se pût ardemment intéresser à la fin du bail de l'honnête Primrose ou à ses embarras de ménage.

Mais la douleur de cette mère qui pleure sa fille, cette douleur si vraie, si profonde, si simplement et à la fois si habilement rendue par Goldsmith la surprit au cœur. Des larmes lui vinrent dans les yeux. Elle ferma le livre.

Ce ne fut pas tout. Une fois la rêverie commencée, qui sait où s'arrêtera sa course? —

Depuis long-temps Susannah ne songeait plus au livre et pourtant ses yeux ne se séchaient point.

C'est que, pour la première fois, elle venait de comprendre et d'envier le bonheur de celles qui ont une mère. Avec la vivacité d'intuition qui lui était propre, elle venait de mesurer d'un coup d'œil tout ce qu'il y a de suaves jouissances, de joies infinies et de pures félicités dans l'amour d'une mère.

Jusque-là ç'avait été pour elle un mot, un mot s'alliant à des pensées d'amertume et de mépris. Sa mère à elle avait déserté son berceau ; elle s'était enfuie loin des sourires de son enfant, et n'avait point souci sans doute de ses regrets ou de son amour.

C'était ainsi du moins que la dépeignait le juif qui était le père de Susannah.

Elle n'avait jamais songé à révoquer en doute cette assertion, — mais maintenant, la pente nouvelle de ses idées la poussait impérieusement vers le pardon et la tendresse.

Oh ! qu'elle eût aimé sa mère, et que ce mot résonnait doucement à son oreille ! Elle l'excusait, puis elle se repentait de l'avoir excusée et demandait pardon à son souvenir de l'avoir crue coupable. Elle la voyait heureuse et souriait à sa joie ; elle la voyait souffrir et rêvait, comme on rêve le bonheur, le privilége de partager ses larmes.

Puis encore elle fronçait le sourcil et met-

-tait sa tête entre ses mains. Trop de fois son père avait accusé cette femme, pour qu'il fût permis de conserver une illusion. Le souvenir et le regret lui-même manquaient à la pauvre Susannah...

Rien dans son passé, rien que ténèbres, abandon, solitude!

Long-temps sa méditation roula entre la bonne et la mauvaise pensée, comme le galet des grèves entre le flux et le reflux. Tantôt elle chérissait un fantôme, l'entourant de filiales caresses et d'idolâtres respects, tantôt elle repoussait la menteuse chimère et se raidissait, triste et fière, dans son abandon.

Les heures passèrent. — Susannah se reposa une dernière fois dans la consolante pensée de sa mère éloignée de son berceau par le hasard ou le malheur ; puis son esprit, trop long-temps détourné de sa direction constante, revint tout-à-coup vers Brian de Lancester.

Brian tardait bien ce jour-là. D'ordinaire, la belle fille n'avait pas besoin de désirer sa présence et jamais il ne s'était fait attendre si long-temps.

Le brillant *eccentric man*, en effet, s'endormait aux pieds de la princesse de Longueville. Il l'aimait d'autant mieux et plus fort que son cœur, à l'épreuve, s'était cru trop robuste pour être vaincu. Sa lutte passionnée contre son frère ou plutôt contre le droit d'aînesse faisait trêve. La vue de Susannah présente et le souvenir de Susannah absente emplissaient sa vie.

Il y a souvent des trésors de jeunesse et de fougue dans ces âmes dont l'enveloppe de glace ne s'est point fondue aux tièdes amours de l'adolescence et qui ont passé, indifférentes, parmi les communes ardeurs de ce qu'on nomme *les belles années*. Il n'y a, pour savoir aimer follement et sans réserve, que ceux qui aiment tard, après avoir long-temps dédaigné. Brian devait revenir sans doute à l'idée qui dominait son existence, mais cette idée était maintenant moins forte que son amour; il l'eût reniée peut-être pour un sourire...

Il aimait en chevalier errant, en page, en esclave.

C'est toujours ainsi. Plus on est fort, plus on est violemment renversé. Une demi-défaite accuse un vice du cœur ou la faiblesse. Don Juan peut aimer à moitié, parce qu'il a jeté sa vie en prodigue autour de lui; mais, à part don Juan, il n'y a, pour ce faire, que des moitiés d'hommes, d'épais marchands, des avocats braillards ou de ces lords fourbus qui ont emprunté des millions pour acheter la goutte.

Susannah aurait pu le courber, pendant un temps du moins, sous l'une de ces tyrannies féminines dont nulle autre tyrannie ne peut approcher, mais Susannah n'avait garde. Elle aimait autant et plus que Brian. Elle aimait tant, que la tendresse de ce dernier dépassant tout-à-coup ses plus délirans espoirs, l'attristait et l'effrayait.

Elle se demandait, elle, la parfaite créature, exquise de corps et d'âme, elle se demandait : — Que suis-je pour être aimée ainsi !

Ce n'était point modestie exagérée, puisque Susannah, fille de la nature, n'avait point appris à se rabaisser par devoir. C'était admiration immense, culte, pour ainsi dire, et persuasion que le monde ne contenait rien qui fût digne du cœur de Brian.

En outre, elle sentait maintenant, et, chaque jour, avec plus de vivacité ce qu'il y avait de malheurs sous les brillans dehors de sa position nouvelle. A mesure qu'elle s'initiait aux choses du monde, elle comprenait le vide et les dangers de cette existence à part qui lui était imposée. Elle se savait prisonnière, achetée, esclave. Elle devinait autour d'elle un mystérieux espionnage, et tremblait en songeant qu'à toute heure, un homme pouvait venir et parler en maître.

Elle se souvenait, la pauvre fille, de la scène jouée au chevet de Perceval, et, bien qu'elle fît effort pour étouffer la voix de sa conscience à ce sujet, un vague murmure s'élevait souvent au dedans d'elle, qui lui disait qu'elle était venue en aide à une ténébreuse intrigue, et que ce baiser mis au front d'un mourant avait fait couler bien des larmes...

Alors sa fière nature, soudainement révoltée, lui conseillait de jeter bas cette occulte tyrannie et de la fouler aux pieds.—Mais elle aimait tant! Ces hommes, si puissans, qui avaient amené Brian de Lancester à ses genoux, ne sauraient-ils pas la briser après l'avoir élevée! Et d'abord qu'était-elle sans eux, sinon toujours la malheureuse enfant n'ayant d'autre ressource que la mort?

Mourir! maintenant qu'elle avait goûté au bonheur!...

Elle n'osait pas.— Bien souvent, lorsque Brian était près d'elle, sa bouche s'ouvrait en même temps que son cœur : elle était sur le point de tout révéler à cet homme qui avait le droit de tout savoir. Mais ne lui avait-on pas dit que le danger n'était pas sur elle seule, et que le glaive mystérieux de l'association menaçait aussi la tête de Lancester ?

Elle se taisait, certaine que, quelque part autour d'elle, il y avait une oreille ouverte pour entendre. Cette obsession tuait sa joie, empoisonnait ces instans que la présence de Lancester emplissait de tant de bonheur ; mais elle ne pouvait point se plaindre, et cachait, elle si hautaine et si franche, sa peine sous un sourire.

Sa souffrance ne devait point s'arrêter là. Lancester lui demanda sa main. Elle fut heureuse d'abord, bien heureuse ; car elle ne vit dans le mariage qu'une union indissoluble et n'ayant pour terme que la mort. Que pouvait-elle rêver de plus beau? — Mais chaque jour, nous l'avons dit, amenait son enseignement. Elle interrogea ; elle sut que le monde avait posé autour de cette union, qui lui semblait si belle et si simple, des règles qu'il ne faut point transgresser, et le frisson lui vint au cœur en pensant à ce qu'elle était réellement sous son titre de princesse. Elle eut peur encore pour Brian : elle ne pouvait avoir peur que pour lui.

Lui revenait plus pressant chaque jour, et la pauvre Susannah ne savait comment se défendre. Elle était la princesse de Longueville. Qui jamais eût pu croire que son refus était délicatesse ?

Brian dit un jour :

— Vous ne voulez pas descendre jusqu'à moi.

Ces paroles lui brisèrent le cœur, mais elle se tut encore.

Aujourd'hui, elle songeait à toutes ces choses en attendant Brian qui ne venait pas. Elle était bien triste. Le livre qu'elle lisait naguère s'était échappé de sa main. Ses douces larmes s'étaient séchées, et ses sourcils froncés tranchaient sur la pâleur de son front.

— Peut-être ne veut-il plus venir ! murmura-t-elle.

Ses beaux yeux se levèrent au ciel, tandis que ses mains se joignaient avec force.

— Mon Dieu, mon Dieu! reprit-elle; — j'apprendrai à vous servir... Je sais vous prier déjà... Ayez pitié de nous!...

La prière porte en soi espérance et consolation. Le front de Susannah reprit sa noble sérénité; il ne resta plus sur son regard qu'un voile léger de mélancolie.

Elle se leva et promena ses doigts sur le clavier d'un piano magnifique que la duchesse douairière de Gêvres avait fait placer dans son boudoir.

Les accords se succédèrent d'abord capricieusement et comme au hasard. Puis, parmi leur harmonieuse confusion, une mélodie s'éleva, pure, suave, religieuse.

Puis encore la voix de Susannah, suave aussi et plus pure que les notes limpides de l'instrument, maria son timbre merveilleux à l'harmonie. La chambre s'emplit d'un ravissant concert.

Elle disait un de ces chants d'Italie si plein de piété mystique et d'ardente prière, que nous ne savons ni faire, ni chanter, ni peut-être sentir, nous autres fils de la Tamise, assourdis par les brouillards et assourdis davantage par les grotesques psalmodies de nos temples. En chantant, elle oubliait sa tristesse, et, se laissant aller à la poésie de sa nature, elle donnait son âme entière à son chant. La mélodie coulait charmante de ses lèvres; on eût cru entendre quelques uns de ces magnifiques interprètes de l'art méridional qui, profanes, se sanctifient au contact de l'inspiration et jettent à flots harmonieux l'oraison et le recueillement sous les grandes voûtes des églises catholiques.

Son front rayonnait. Son regard, noyé dans une extase inspirée, semblait voir la madone à qui s'adressaient sa prière et son chant. Elle était belle comme ces saintes dont les peintres romains ont jeté jadis sur la toile les traits sublimes, belle comme un rêve de Raphaël, belle comme une vision de Dante.

Depuis une minute environ, la porte s'était

ouverte, et Brian de Lancester avait paru sur le seuil, les cheveux épars, le visage couvert de sueur et les vêtemens en désordre. A la vue de Susannah, dont les traits lui étaient renvoyés par une glace suspendue vis-à-vis d'elle au lambris, Lancester laissa échapper un geste d'admiration muette. Puis il s'avança sur la pointe du pied et mit ses deux mains sur le dossier du fauteuil de Susannah.

IX

RUBY.

Susannah, qui n'avait point entendu le pas de Brian de Lancester, se complaisait en la poésie de son chant. Pauvre païenne, elle jetait vers le ciel la mélodie catholique, et sa voix allait à Dieu comme un suave encens. Les mots sonores du beau langage d'Italie coulaient de sa bouche mêlés aux notes cristallines du piano dont les touches, sollicitées par ses doigts habiles, rendaient à flots l'harmonie et couvraient le chant à demi, comme ces dentelles brillantes au travers desquelles un gracieux visage paraît plus gracieux encore.

Brian écoutait et tâchait de retenir son souffle, mais il n'y pouvait point réussir, parce qu'il venait de fournir une course violente. Sa poitrine se soulevait malgré lui et l'effort qu'il faisait amenait à son front de grosses gouttes de sueur.

Mais il ne se sentait pas lui-même. Susannah était si belle en ce moment! Il regardait;

il écoutait : cette voix magnifique, ce chant divin, cette beauté splendide et inspirée, tou cela le plongeait en une admiration pleine d'extase.

Les dernières vibrations de la voix de Susannah s'éteignirent sous une gerbe d'accords. Puis le piano se tut à son tour. La belle fille releva ses yeux émus et rencontra, dans la glace, les regards ardens de Lancester.

Elle tressaillit et devint pourpre, non pas de honte, mais de plaisir. Brian lui mit un baiser sur la main.

Ils s'assirent l'un près de l'autre sur le sofa et demeurèrent quelques secondes sans parler. Susannah était heureuse parce qu'elle voyait Brian. Brian subissait encore l'impression récente : il admirait silencieusement et du fond de l'âme.

— Je vous attendais, milord, dit enfin Susannah ; — voici la première fois que vous venez si tard !

— Etait-ce pour moi, votre prière ? demanda Brian, comme s'il n'eût point voulu répondre ; les anges doivent chanter comme vous, Susannah.

Susannah ne baissa point les yeux.

— Quand je prie, milord, dit-elle, c'est pour vous, — toujours !... Mais qui vous a retenu loin de moi ? Je suis bien triste quand vous n'êtes pas là... Si, quelque jour, vous n'alliez pas venir!...

— Ce jour-là, je serais mort, milady.

L'œil de la belle fille jeta un éclair d'enthousiasme.

— Merci, dit-elle d'une voix recueillie. Je vous crois, Brian, et je suis fière de vous aimer.

Elle mit sa main dans la main de Brian, et et reprit tout-à-coup :

— D'où venez-vous, milord?

Son regard effrayé parcourait Lancester des pieds à la tête avec étonnement, et, de fait, l'aspect de ce dernier avait de quoi surprendre.

Comme nous l'avons dit, ses cheveux épars couvraient en partie son visage. Son front était humide de sueur, et à la sueur se mêlaient çà et là quelques gouttes de sang. Il y avait dans ses vêtemens un désordre d'autant plus étrange, que son costume reculait d'ordinaire, tout en gardant la sévérité convenable, les plus extrêmes limites de la mode. Le drap fin de son habit noir était déchiré en plusieurs endroits; sa cravate desserrée ne tenait plus que par un nœud bâtard et dépourvu de tout style. De larges taches de boue maculaient le vernis de ses bottes, et la dentelle de son jabot, froissée, arrachée en plusieurs endroits, pendait, déshonorée, sur les revers égratignés de son gilet de satin. Son chapeau, qu'il avait déposé en entrant sur une chaise, n'avait plus forme admise, et l'on apercevait la peau lacérée de ses doigts à travers le chevreau collant de ses gants en lambeaux.

On eût dit qu'il sortait d'une orgie ou d'une lutte dangereuse, péniblement soutenue.

La question de Susannah, qui était à coup sûr fort naturelle, sembla jeter soudain Brian de Lancester hors du cercle sentimental où il s'alanguissait depuis quelques minutes. Il se leva brusquement et se plaça devant une glace.

— Pardon, milady, mille fois pardon, dit-il; sur mon honneur, je ne croyais pas avoir été aussi maltraité.

— Mais, au nom du ciel! milord, que vous est-il arrivé? s'écria Susannah sérieusement inquiète.

— Quelque chose de bien grave, répondit Lancester en souriant; tout ce qu'il peut arriver de plus grave, milady... Je viens de me rendre coupable du crime de haute trahison.

Ce mot n'avait aucune signification pour madame la princesse de Longueville.

— De haute trahison! répéta-t-elle, comme on fait lorsqu'on ne comprend point.

—Oui, milady continua Brian qui, d'un seul geste, avait rejeté en arrière sa belle chevelure bouclée et s'occupait à réparer sommairement le désordre de sa toilette, — mais cela ne m'excuse en rien, et je vous supplie de croire que si je m'étais vu dans un miroir avant de frapper à votre porte...

— Mais, milord, interrompit la princesse avec un léger mouvement d'impatience, cela ne m'explique pas...

— C'est juste, répondit Brian, qui ne pouvait deviner jusqu'à quel point Susannah avait besoin d'être édifiée; — vous voulez savoir, madame, en quoi j'ai pu insulter la majesté royale...

— Insulter la majesté royale! interrompit encore Susannah pour qui ces derniers mots étaient une sorte de clé à la première réponse de Brian; — mais c'est affronter un terrible danger, milord!

— Oui, milady... danger de mort, dit négligemment Lancester; — et, puisque nous parlions de cela tout à l'heure, il eût pu se faire que je ne fusse pas revenu...

Susannah pâlit. Lancester reprit en souriant :

— Mais il n'y a de mort, madame, que mon pauvre coureur Ruby... Vous connaissiez Ruby? C'était un noble animal!... le roi du *steeple-chase!*... Il a fourni ce matin sa dernière course, milady, et je ne puis dire qu'il se soit rendu trop tôt... Ruby a distancé tout un escadron de horse-guards, sur ma foi !

— Et ne pensez-vous pas qu'il y ait à craindre encore ? demanda la princesse dont le beau front conservait sa pâleur.

Brian la reconduisit au sofa et s'assit auprès d'elle.

— Je vais vous conter cela, madame, dit-il d'un ton caressant et enjoué. — D'abord, afin de rendre mon aventure excusable, il faut que vous sachiez que, depuis trois jours, je cherche, dans Londres, un objet introuvable...

— Quel objet, milord ?

— Ceci est mon secret, madame, répondit gravement Lancester ; — je cherchais donc et je ne trouvais point. Chose terrible ! car il me fallait cet objet; je le voulais... Ce matin, l'idée m'est venue qu'il me serait possible, peut-être, de l'emprunter, — de le voler, si mieux vous aimez, milady, — à notre gracieux souverain, le roi Guillaume. C'était une heureuse pensée. J'ai fait seller Ruby, — pauvre Ruby ! — et je suis parti au galop pour Windsor-Castle... A Windsor, le hasard s'est montré d'abord favorable. Le roi n'était pas au château. Toutes les portes m'ont été ouvertes et j'ai pu pénétrer dans une grande pièce toute pleine d'objets semblables à celui que je désirais...

Susannah avait le cœur trop haut pour être curieuse, mais qui ne sait que l'intérêt prend souvent les allures de la curiosité? Il s'agissait de Brian, d'ailleurs, et tout ce qui touchait Brian devenait pour Susannah la chose importante. Elle interrogeait sa physionomie d'un regard avide et saisissait chaque mot au passage, cherchant à deviner quel était cet objet précieux pour lequel on bravait témérairement la vengeance royale.

Brian fit semblant de ne point prendre garde à cette impatience.

Il y en avait cent de ces objets, madame, reprit-il d'un ton fort sérieux; — il y en avait mille. Le choix m'était permis; mais, par une fatalité singulière, aucun n'était précisément ce que je cherchais... Il y en avait de toutes sortes : le mien n'y était pas.

— Ne voulez-vous pas me dire de quoi vous parlez, milord? demanda la princesse avec une inflexion de voix caressante.

— C'est mon secret, dit encore Lancester, mais cette fois en souriant. — Voyant que ma recherche était vaine à Windsor, je me suis remis en selle et mon vaillant Ruby a recommencé sa course. Il allait comme le vent, madame, et, au bout d'une heure, j'ai aperçu les kiosques chinois et les pagodes de Kew... Ici, un obstacle se présentait. L'étendard royal flottait sur le château : le roi était à Kew.

A mesure que Brian avançait dans son récit, sa voix s'animait et sa physionomie, si grave d'ordinaire, prenait une expression de communicative gaîté. Susannah suivait la pente de cet enjouement inusité. Elle souriait au sourire de Brian et se sentait être gaie parce qu'il se montrait joyeux.

— Quand le roi est au château, continua Lancester, les jardins et terrasses réservés sont fermés au public, surtout depuis l'équipée de ce fou qui tira un coup de pistolet à la jeune princesse Alexandrine-Victoria (1), fille du feu duc de Kent, au beau milieu d'un *pleasure-ground* de Hampton-Court. On met des sentinelles à toutes les barrières, et des

---

(1) La reine actuelle.

gardes à pied font incessamment le tour des terrasses. — Pourtant, madame, il fallait que j'arrivasse au pied même du château, au delà des fossés, dans cette belle pelouse où s'élève la grande serre japonaise. C'était de toute nécessité.

— Mais pourquoi, milord, pourquoi?

— Vous le verrez, madame... franchir les barrières, c'était un jeu, grâce à mon brave Ruby... Pauvre Ruby!... Je suis parvenu sans encombre jusqu'au pied de la terrasse, dont me séparaient seulement encore le fossé et le revêtement... Ruby avait le pied sûr. Il est descendu dans le fossé; moi, je suis monté debout sur la selle, et d'un bond, je me suis trouvé sur le gazon, — à trente pas d'une sentinelle.

— C'était jouer votre vie, Brian! dit Susannah qui perdit son sourire.

— C'est le seul enjeu qui puisse donner pour moi de l'intérêt à une partie, madame, répondit Brian dont la gaîté se cacha un moment sous un nuage.

Et, comme la princesse lui adressa un regard tout plein de doux reproches, il ajouta :

— Je suis ingrat et j'oublie que j'ai entrevu du bonheur dans l'avenir. On ne perd pas comme cela ses vieilles habitudes, madame... Ma rancune contre la vie a duré si long-temps !... Maintenant, je vous aime, Susannah, et Dieu sait que la mort me serait bien amère puisqu'elle me séparerait de vous ; mais je suis fait ainsi : entre moi et ce que je veux il n'y a point d'obstacle... Et je voulais entrer à Kew.

Ces derniers mots furent prononcés légèrement. Lancester reprit aussitôt avec sa gaîté première :

— Je vous demande pardon d'ailleurs, miady, d'avoir provoqué votre crainte et chassé pour un instant votre charmant sourire. La sentinelle dont il est question dormait, appuyée sur son fusil... C'était un honnête garde à pied qui avait sans doute passé la nuit à boire en l'honneur de sa très Gracieuse Majesté le roi Guillaume. Après avoir franchi le fossé, je m'avançai d'un pas grave vers les serres japonaises, afin de me donner l'air d'un habitué du château; mais, au détour d'une allée, je me suis trouvé face à face avec deux dames : c'étaient la princesse douairière Marie-Louise-Victoire de Kent et sa fille Alexandrine-Victoria. J'ai salué respectueusement, comme c'était mon devoir, et j'ai passé outre. Tandis que je m'éloignais, la jeune princesse, — une charmante enfant, madame, — me suivait d'un regard surpris, et je dois avouer que ma récente escalade avait déjà mis en ma toilette un certain désordre peu en harmonie avec l'étiquette de la résidence royale... En me retournant, je vis la jeune princesse courir au poste des gardes à pied, suivie par son auguste mère. C'était un détestable symptôme.

— Vous prîtes la fuite, milord?

— Je continuai mon chemin vers les serres, milady. J'y entrai. Mon choix fut long et laborieux. Quand je sortis, les allées étaient remplies de gardes... Milady, poursuivit Lancester avec une nuance d'embarras, j'ai presque honte d'avouer à une Française que nous autres gentilshommes anglais pratiquons pour la plupart, avec une certaine supériorité, l'art peu chevaleresque des athlètes antiques... Plusieurs gardes à pied sans armes se présentèrent pour me barrer le passage. Je les jetai l'un après l'autre sur le sable des allées, mais ce ne fut pas sans causer un énorme scandale. Les fenêtres du château s'étaient garnies de spectateurs. De toutes parts, les chefs criaient de me saisir à tout prix, mort ou vif. Avant d'atteindre le rebord de la terrasse, j'avais essuyé déjà le feu de deux sentinelles...

— Est-il possible! dit Susannah en pâlissant; — et n'êtes-vous point blessé, milord?

— Non, madame, répondit gaîment Lancester; ceci manque absolument à la partie dramatique de mon aventure. Je n'ai pas la plus petite blessure dont je puisse faire parade... et mon chapeau seul a reçu la balle assez bien dirigée d'un habit rouge.

Susannah se leva vivement et prit le chapeau, qui, en effet, était traversé de part en part à son milieu.

— Mon Dieu! murmura-t-elle; — avoir été si près de la mort! Et pourquoi, milord, au nom du ciel, pourquoi?

— Le reste de mon récit, reprit Lancester, consiste en une simple course de haies. Du rebord maçonné de la terrasse, je sautai sur le dos de mon pauvre Ruby, qui franchit l'escarpement du fossé comme s'il eût eu les oncles d'un chat sauvage, et prit aussitôt le galop... L'éveil était décidément donné. On me fit encore l'honneur de deux ou trois décharges, et en vérité je ne peux dire autre chose, sinon que le droit n'était pas de mon côté... Je devais avoir tout l'air d'un malfaiteur arrivé au château avec de fort mauvais desseins. — Mais Ruby ne discutait pas, il courait... Vous eussiez dit un tourbillon, madame. Il avait fait plus de trente milles dans la matinée, le noble animal! Ses naseaux fumaient, ses flancs haletaient, et sa course ne se ralentissait point. Je dépassais avec une rapidité qui tenait de la magie les horses-guards échelonnés pour me cerner. Je ne voyais plus en avant de moi qu'un seul piquet, composé de trois cavaliers, qui manœuvraient pour me couper. J'avais à ma droite la grille d'un parc. Ils venaient à gauche... Pour la première fois depuis que Ruby était à moi, madame, je lui mis mes éperons dans le flanc. Il fit un bon prodigieux : j'étais dans le parc, de l'autre côté de la grille.

— Tirez! cria-t-on derrière moi : tirez sur l'assassin de Sa Majesté!

On croyait, Dieu me pardonne, milady, que j'avais voulu assassiner le vieux roi! — Les trois horses-guards déchargèrent leurs fusils à travers les barreaux de la grille. Je sentis Ruby tressaillir sous moi, mais il ne s'arrêta pas... Seulement, à quatre milles de là, au milieu de Regent's—Park, lorsque déjà j'étais à l'abri de toute poursuite, le pauvre Ruby s'affaissa tout-à-coup sur le sable d'une allée. Je voulus le relever : il était mort.

— Les horses-guards l'avaient atteint? dit Susannah qui frémit à la pensée de la mort passant si près de Brian.

—La balle d'un horse-guard l'avait atteint, madame, répéta tristement Lancester; — Pauvre Ruby!... Mais je rapporte ce que j'avais été chercher, ajouta-t-il en sortant de sa poche une boîte richement incrustée... Je suis content, madame.

Susannah ne parla pas, mais elle se pencha vivement pour voir enfin ce mystérieux objet pour lequel Lancester venait de jouer avec un si terrible péril. Celui-ci ouvrit la boîte en souriant. Elle contenait un camélia blanc, veiné de bleu.

Susannah mit la main sur son cœur et ses yeux devinrent humides.

— Oh! milord, milord!... dit-elle, — c'était pour moi ?

— Et pour qui donc, madame? répondit Lancester, dont le regard se reposait, brillant de tendresse, sur l'œil abaissé de la princesse.

Elle prit le camélia et tendit son front, sur lequel Lancester mit un baiser.

— C'est moi qui vous avais privée de l'autre fleur, Susannah, murmura-t-il; — vous l'aviez pleurée... chacune de ses nuances était là, — il montrait son cœur; — beaucoup lui ressemblaient, mais il me fallait la pareille... Je l'aurais cueillie sous la bouche d'un canon, madame.

Lancester dit cela simplement et sans emphase. De la part d'un Français, peut-être eût-ce été fanfaronnade ou délire, chez Brian c'était, appliqué à une petite chose, il est vrai, un élan de cet enthousiasme sérieux qui remuerait le monde.

Susannah toucha la fleur de ses lèvres.

— Elle ne me quittera plus milord, dit-elle.

L'autre fleur, — celle qu'on avait pleurée, était un camélia blanc, veiné de bleu, en tout semblable au camélia sortant des serres royales. Susannah la portait, flétrie et desséchée qu'elle était depuis long-temps, dans un petit médaillon d'or. Elle l'avait montrée à Brian un jour, et celui-ci, soit maladresse, soit peut-être involontaire et méchant mouvement de jalousie, l'avait froissée entre ses doigts et réduite en poussière.

Il n'y a point de bagatelles pour les choses du cœur. A la vue de sa fleur perdue, Susannah fondit en larmes et Brian se repentit comme s'il eût commis un crime. Il chercha dans Londres de jardin en jardin, et ne trouva rien qui ressemblât parfaitement au camélia du médaillon. De là sa bizarre idée de visiter les serres de Windsor et de Kew.

Susannah, elle, ne pensait plus à sa fleur. Son chagrin avait été tout entier dans cette angoisse momentanée qu'on éprouve à se séparer d'un symbole long-temps aimé. Mais sa vie nouvelle était trop pleine, et, disons-le, son caractère était trop sérieux pour qu'elle s'occupât plus d'un jour de sa pauvre fleur, seul reste de ses jeunes rêveries d'autrefois, dont sa récente misère la séparait comme un abîme. L'offrande de Brian la toucha profondément, mais non pas tant par souvenir de la fleur perdue, que comme preuve d'un amour irréfléchi, fougueux, poussé presque jusqu'à la folie. Les circonstances qui entouraient cette offrande étaient précisément faites pour impressionner vivement sa nature énergique, hardie et soudaine en ses résolutions. La frivolité du but, rapprochée des dangers bravés, entourait l'aventure d'un romanesque prestige qu'eût peut-être pris en dédain une lady au cœur moulé par l'usage, mais qui devait électriser une âme neuve et non affadie encore par la débilitante atmosphère des salons.

Susannah tira de son sein le médaillon d'or

et l'ouvrit pour y déposer la fleur. Brian lui arrêta la main.

— Quoi ! dit-il avec tristesse, à la place de l'autre ?

— J'aimerai celle-ci comme l'autre, milord.

— Comme l'autre, répéta lentement Brian de Lancester ; — et, quelque jour, peut-être, vous la montrerez à... à quelqu'un, milady... et celui-là prendra la fleur desséchée comme j'ai pris l'autre, moi... Ne m'avez-vous pas dit que l'autre était un souvenir?...

Susannah rougit et baissa les yeux.

— Le souvenir d'un homme ! acheva Lancester à demi-voix.

— D'un homme, oui, milord, répondit Susannah.

Brian lâcha sa main, Susannah referma le médaillon sur la fleur.

— D'un homme beau, et noble et fier! ajouta la princesse avec un charmant sourire; — d'un homme que j'aimais, milord, ardemment et de toute mon âme, du seul homme que j'aie aimés jamai.

— Et cet homme, madame, demanda Brian les dents serrées, — c'était?...

— C'était vous, milord.

I

SENTINELLE ENDORMIE.

Brian de Lancester et Susannah s'entretenaient ainsi, oublieux du reste du monde; Susannah ne songeait même plus à cet espionnage occulte, incessant, qui l'entourait de toutes parts.

Ceci n'empêchait point l'espionnage d'aller son train.

Derrière le vitrage noirci du cabinet obscur où nous avons vu naguère l'aveugle Tyrrel interrompre brusquement le premier tête-à-tête de Brian et de la princesse, madame la duchesse douairière de Gêvres, confortablement emmitouflée dans sa douillette de satin et les pieds réchauffés par la fourrure d'une chancelière, écoutait et regardait.

La position de Susannah n'était plus, vis-à-vis de Tyrrel et de la petite Française, tout-à-fait la même que lors de son arrivée dans la maison de Wimpole-Street; elle était toujours surveillée, mais la déférence et les respects avaient redoublé autour d'elle, et ces vagues menaces à l'aide desquelles on essayait autrefois de l'effrayer avaient pris fin. Ceci était le résultat des recommandations du marquis de Rio-Santo. Le marquis avait paru vouloir la prendre sous sa protection. Quels que fussent les motifs de cette bienveillance, et Tyrrel non plus que la petite Française n'étaient point gens à se faire scrupule de supposer le mal plutôt que le bien, le marquis avait parlé, cela suffisait.

De son poste d'observation, où elle se rendait, du reste, dès que Brian ou même la comtesse de Derby franchissait le seuil de la maison, madame la duchesse douairière de Gêvres n'avait pas perdu un mot du romanesque récit de Lancester.

Elle avait bien ri, l'honnête vieille, dans le capuchon ouaté de sa douillette; elle avait ri d'excellent cœur aux dépens de Brian.

— L'*eccentric man* s'est fait troubadour! se disait-elle; — il est encore plus amusant comme cela qu'autrefois... Si ce coquin de Tyrrel, — la langue me brûle chaque fois qu'il me faut l'appeler milord! — si ce coquin de Tyrrel était ici, nous pourrions causer un peu... Mais il paraît qu'il y a une grandissime affaire en train.... Je saurai ce qui en est avant ce soir... Tyrrel lui-même n'est pas si fin qu'on ne puisse le faire parler en s'y prenant comme il faut.

Malgré les jouissances de sa curiosité satisfaite et les petits monologues à l'aide desquels madame la duchesse de Gêvres abrégeait le temps de sa faction, elle commençait à s'ennuyer singulièrement dans son cabinet noir, et bâillait à se démettre la mâchoire. Elle était doucement assise ou plutôt à demi couchée dans une bonne bergère; ses pieds étaient chauds, la nuit l'enveloppait et pesait sur ses yeux. Ajoutez à cela l'ennui. — On dormirait à moins, surtout lorsqu'on a le ferme vouloir de ne point s'endormir.

Madame la duchesse de Gêvres s'endormit.

Ce ne fut vraiment pas sa faute. D'abord elle ferma les yeux, parce que, pensa-t-elle, pour entendre il suffit des oreilles. Assurément, madame la duchesse douairière de Gêvres avait raison en ceci. Une fois ses yeux fermés, elle suivit quelques minutes encore la conversation des deux amans, puis les mots tourbillonnèrent confus autour de ses oreilles. Ce fut un moment pénible, mais enfin madame la duchesse prit le dessus et s'endormit profondément pour rêver qu'elle était aux écoutes.

Dès lors sa conscience fut tranquille.

Ceci arriva au moment où Brian s'attristait à la pensée de partager avec autrui les souvenirs de Susannah; de sorte que la petite Française n'entendit point la charmante réponse de sa prétendue nièce.

Elle perdit, ma foi, bien autre chose.

— Quoi! c'était moi, milady? s'écria Brian

avec ravissement; — ce souvenir dont j'étais si jaloux venait de moi!... Mais est-ce possible! se reprit-il tout-à-coup en attachant sur Susannah un regard de doute; — vous venez d'arriver en Angleterre, et je ne suis jamais allé en France, madame.

Susannah devint pâle, et sa bouche s'ouvrit pour répondre, mais elle ne prononça pas une parole.

—Pour garder souvenir de quelqu'un, continua Brian avec cette naïveté d'expression qui est le propre du langage passionné, — il faut l'avoir vu, le connaître...

— Oh! milord, je vous connaissais! murmura Susannah.

— D'où me connaissiez-vous, madame?

Certes, la question était naturelle. Pourtant Susannah n'y pouvait point répondre sans dévoiler sa vie entière, et que de choses devaient la détourner de cette révélation.

Elle retournait entre ses doigts, sans savoir, le médaillon d'or, qui était de forme antique, et portait sur son couvercle supérieur les traces d'un grattage opéré sans soin par une main malhabile. Sous le grattage on apercevait encore quelques traits de la gravure primitive, ét Brian, la première fois qu'il avait vu le médaillon, avait cru reconnaître les contours d'un écusson de forme anglaise avec deux aigles couronnés pour supports.

Ces supports étaient ceux des armoiries de Lancester.

Mais rien de commun en blason comme cette similitude de supports. Brian, versé jusqu'à un certain point, comme tout nobleman, dans la pratique héraldique, n'avait tiré aucune conséquence de ce rapport fortuit sans aucun doute. Seulement, il avait remarqué les débris d'une couronne de comte, aussi de forme anglaise (1), qui timbrait l'écusson.

Au reste, ces détails insignifians n'étaient point restés dans sa mémoire.

---

(1) La forme de l'écu, le timbre et surtout les couronnes de comte, vicomte et baron diffèrent quelque peu en Angleterre de celles usitées sur le continent.

L'embarras de Susannah était si visible et si voisin de la détresse que Brian ne put manquer de concevoir des soupçons. Ce fut de la glace jetée sur un feu ardent. Brian eut au fond du cœur un frémissement, puis il se sentit froid. Il redevint l'homme de naguère, l'Anglais tout enveloppé de flegme.

— Madame, dit-il, chacun a ses secrets et je ne me reconnais nul droit à pénétrer les vôtres... Vous daignez me dire que vous m'aimez, c'est beaucoup...; c'est trop assurément, eu égard à ce que je mérite, et je vous prie d'excuser les indiscrètes questions...

— Brian!... Brian!... ne parlez pas ainsi! interrompit Susannah d'une voix navrée.

— Les indiscrètes questions, poursivit froidement Lancester, que rien ne m'autorisait à vous adresser.

— Milord, dit Susannah en se levant pâle et hautaine, — ne raillez plus. Je ne mérite pas votre raillerie et je ne saurais pas la supporter... Il y a un grand danger suspendu sur nos têtes...

— Je ne vous comprends pas, madame la princesse...

— Je ne suis pas princesse, milord... Il faut que vous m'écoutiez maintenant !... Si j'avais été princesse, je serais déjà votre femme; si j'avais été princesse, et riche et puissante, comme vous et le monde avez pu le croire, il y a long-temps que ma noblesse et ma fortune seraient à vos pieds.

Brian la regardait, confondu. — La voix de Susannah, jusque-là contenue, éclata tout-à-coup sonore et pleine d'un accent provocateur.

— Écoutez! écoutez! reprit-elle avec violence; — écoutez et ne m'accusez pas des malheurs qui vont fondre sur nous!... Je ne suis pas princesse, vous dis-je; je suis un instrument aveugle entre des mains puissantes... Je suis Susannah, milord, la fille d'Ismaïl Spencer, le juif, — qui fut pendu l'automne dernier devant Newgate.

Brian recula de trois pas.

— Ismaïl Spencer! murmura-t-il, — l'usurier Ismaïl!

— Ismaïl le faussaire, milord, Ismaïl le voleur!

La voix de Susannah se brisait. Néanmoins, elle prononça ces derniers mots avec éclat et de ce ton arrogant que prend un vaillant prisonnier de guerre pour commander le feu qui doit le mettre à mort. Puis elle promena autour d'elle son regard effaré, comme si elle se fût attendue à une catastrophe inévitable.

Un silence profond se fit. — Susannah retomba épuisée sur son fauteuil.

Brian, l'œil hagard et la pâleur au front,

la regardait comme s'il eût cru faire un horrible rêve.

— Rien! dit enfin Susannah après quelques secondes de silence; — ils ne m'ordonnent pas de me taire... Ils ne m'ont pas entendue!

Brian semblait être devenu de marbre.

— Oh! milord! milord! cria la belle fille en s'élançant vers lui, — je vais pouvoir vous ouvrir mon âme sans crainte d'appeler sur vous la mort ou le malheur... Vous ne savez pas; ils m'avaient dit : — Si tu parles, chacune de tes paroles retombera sur la tête de Brian de Lancester... et je me taisais, milord... Et moi qui repoussais l'offre de votre main parce que je me savais indigne de vous, je vous laissais croire...

— Êtes-vous indigne de moi, Susannah ? demanda tout-à-coup Brian d'une voix grave et profonde ; répondez, répondez vite, madame. Il faut qu'à cette heure je vous demande pardon à genoux ou que je vous dise adieu pour jamais.

Susannah demeura sans réponse encore durant une minute. L'instant était solennel pour la pauvre fille. Elle sentait à son angoisse que son avenir, son amour et tous ces espoirs de bonheur si chèrement caressés depuis quelques jours étaient en péril et dépendaient d'un mot. Mais son expérience d'une semaine ne lui en avait point appris assez pour qu'elle pût aller d'un coup d'œil au fond de la question de Lancester. Elle hésitait parce qu'elle ne savait pas, et que, même au prix de son bonheur, elle n'eût point voulu tromper Brian.

— Répondez! dit encore ce dernier avec plus de sévérité.

— Milord, prononça bien bas la belle fille, — je suis pauvre, et mon père a été pendu.

Puis elle releva la tête et regarda son juge.

Lancester s'appuya sur la table du piano et pressa son front entre ses doigts.

— Que croire, mon Dieu! que croire! murmura-t-il; — Susannah! s'écria-t-il ensuite avec passion, tandis que tout son sang se précipitait à sa joue, — je vous aime encore... je vous aime davantage... Oh! ne me trompez pas par votre silence... Dites-moi. — par pitié, madame! — dites-moi ce que vous êtes... Ne me parlez plus de misère : je suis pauvre aussi... Ne me parlez plus de votre père : que m'importe votre père !... Vous, c'est vous que je veux connaître. Qu'êtes-vous ? Pourquoi ce faux titre ? D'où vous viennent ces parures qui vous font si belle ? De quel droit habitez-vous ces appartemens somptueux ?... Pourquoi n'avez-vous pas besoin de mon aide ?

— Je le voudrais, Brian. Au prix de mon sang, je voudrais être à vous et vous tout devoir, dit Susannah dont un rayon d'espoir éclaira le front désolé; mais que vous dire, mon Dieu !... J'ai peur de ne vous point comprendre... Je ne sais rien de ce que savent les autres femmes.... Me voilà qui espère, pauvre folle que je suis, parce que je vois de l'amour dans votre courroux... Mais vos questions m'épouvantent... Tout ce que je puis répondre, Brian, c'est que je n'aime que vous et que jamais je n'ai aimé que vous !

Brian était tiraillé en sens contraires par le doute et l'émotion. Le noble visage de Susannah disait ce que n'exprimait point sa parole malhabile,— mais trop de témoignages l'accusaient. Brian eut honte de ce qu'il appelait sa faiblesse.

— Madame, dit-il d'une voix lente, pénible et comme si chaque mot prononcé lui eût déchiré le cœur; — on n'aime pas deux fois ainsi et jamais je ne donnerai comme à vous ma vie à une autre femme... Vous croire coupable est la plus amère souffrance que je puisse endurer en ce monde... J'ai douté, je vous ai interrogée lorsqu'un autre vous aurait repoussée avec mépris...

— Mon Dieu! mon Dieu! murmura la belle fille qui se sentait défaillir.

Lancester eut pitié, il continua pourtant.

— Lorsqu'il vous suffisait d'un mot...

— Mais ce mot, je l'ignore! Brian, interrompit Susannah dont les grands yeux se mouillèrent de larmes brûlantes. — Ne me condamnez pas ainsi, je vous en prie, au nom de votre mère !... car vous avez une mère, vous !... Si je me suis laissé appeler d'un nom qui n'est pas le mien, si j'ai souscrit un engagement ténébreux et dont la portée m'est encore inconnue, c'était pour vivre... et si je voulais vivre, Brian, moi que le tentateur a surprise penchée au dessus de la mort, c'était pour vous !

Brian ne comprenait pas, mais cette voix, mais ces larmes lui allaient à l'âme, et il était à demi convaincu.

— Écoutez, reprit tout-à-coup Susannah, dont le regard humide étincela au feu d'une inspiration soudaine ; — Je ne suis pas indigne de vous, Brian !

— Vrai ! dites-vous vrai ? s'écria celui-ci en faisant un pas vers elle.

La pauvre fille croyait avoir trouvé un talisman. — Cette nouvelle question lui rendit toute sa tristesse.

— Vous doutez encore ! soupira-t-elle avec abattement ; — je ne puis pas trouver le mot qui vous ferait me croire, milord.

C'étaient ces réponses étranges et dépourvues de signification convenue qui rejetaient sans cesse Brian hors de la confiance où il avait un si ardent désir de rentrer. Une situation comme celle de Susannah ne se devine pas. Il faut être femme pour descendre au fond de ces mystères qui sortent si énergiquement des rainures où glisse uniformément la vie de chacun dans nos sociétés modernes. Un homme, — fût-il un *eccentric man,* — passe vingt fois auprès de ces existences exceptionnelles sans y découvrir autre chose que le parfum d'étrangeté qui s'en dégage à l'extérieur et qui est un charme pour tous. Peut-être était-ce cette nuance bizarre qui avait déterminé dès l'origine la subite passion de Brian ; mais il ne s'en souvenait plus et s'obstinait à jauger sa maîtresse à l'aide de la commune mesure.

Heureusement, son amour était robuste et

son cœur trop neuf pour garder un parti-pris de sévérité. Aussitôt qu'il lui fut permis de douter, il espéra et Susannah se désolait encore que sa cause était déjà gagnée.

Car il ne s'agissait, entre elle et Brian, comme l'avait dit ce dernier, que d'elle-même et non point des malheurs de sa naissance. En Angleterre, beaucoup de personnes, et surtout les hardis pionniers de la mode, n'admettent point de vice originel. En cela nous ne pouvons les blâmer.

Certains même vont beaucoup plus loin, et l'on a vu des lords aller chercher leurs épouses légitimes, — les mères de leurs héritiers présomptifs, — dans des lieux qu'il ne nous plaît pas de nommer. Ceci peut être fort original, mais la seule chose qu'il soit permis de dire à notre sens en faveur de Leurs Seigneuries, c'est que des goûts et des couleurs il ne faut point discuter légèrement.

Dix minutes environ après les dernières paroles de Susannah, Brian de Lancester était assis auprès d'elle sur le sofa. Le front hautain de l'excentrique n'avait point repris encore peut-être cette expression de calme bonheur qui lui avait valu de la part de madame la duchesse de Gêvres la qualification de *troubadour*, mais on n'y voyait plus, en revanche, ces rides néfastes qui avaient tant désolé Susannah, et celle-ci avait maintenant sous ses belles larmes un sourire.

C'est que Susannah avait trouvé le fameux

mot exigé par Brian, — le talisman ; — elle avait dit :

— Entre nous, il n'y a que le supplice de mon père, et la distance de la fille d'un juif à un gentilhomme.

Et Brian, suivant l'éternelle coutume des amans, avait passé d'une extrémité à l'autre. Il ne voulait plus d'explications, il les repoussait ; elles lui faisaient pitié.

Mais en ceci Susannah devait vaincre d'autant plus aisément que l'horreur des explications est un sentiment essentiellement passager. Rien d'obstiné au contraire comme le doute. Après la chaude générosité du premier élan, vient la réflexion froide : on ne combat plus, on écoute.

Et puis, Brian commençait à entrevoir sous l'ignorance désormais avérée de Susannah un mystère ; il voulait le pénétrer.

— J'ai appris bien des choses depuis que vous m'aimez, Brian, reprit la belle fille dont l'œil était humide encore, — mais je ne sais pas répondre encore à toutes les questions, — ni comprendre tous les soupçons, milord...

— Ne parlez plus ainsi, madame ! s'écria Lancester ; oubliez que je vous ai soupçonnée !... L'homme est faible et méchant, voyez-vous. Ceux qui se croient à l'abri des sots préjugés de la foule, ceux qui se targuent d'avoir un cœur noble et une raison pure de toute mondaine misère, sont des fanfarons pleins d'orgueil... Au premier choc, ils plient... J'aurais dû tomber à vos pieds lorsque vous m'avez dit : je ne suis pas princesse; j'aurais dû vous remercier à genoux de me donner votre confiance avec votre amour, et d'avoir bravé, pour me répondre, le danger, — un danger que vous dites être terrible, — et qu'une main puissante tient suspendu sur votre tête... Ce péril, qu'il soit imaginaire ou réel, vous épouvantait...

— Pour vous, Brian, pour vous! interrompit Susannah.

Lancester prit sa main qu'il appuya passionnément sur ses lèvres.

—Pour moi! répéta-t-il; — m'avez-vous pardonné, madame?

Susannah ne lui répondit que par un regard où brillait son amour sans bornes.

— Ne savais-je pas que vous êtes pure? reprit Brian avec colère contre soi-même; — n'ai-je pas lu depuis huit jours dans votre cœur, qui est le plus haut, le plus parfait qui soit au monde?... Ah! quand je vous croyais princesse, j'étais soumis et tendre, et passionné, mon Dieu!... Et quand vous m'avez dit : je suis pauvre, je suis la fille d'un criminel, je suis devenu, moi, sévère, impérieux, cruel... j'ai menacé.

—Mais vous avez eu pitié aussi, interrompit

doucement Susannah ; — et puis vous m'aimez, vous me le dites : qu'importe le reste ?

Brian voulut répondre ; elle mit un doigt sur sa bouche.

— Il faut nous hâter, dit-elle alors tout bas ; — n'avez-vous pas envie de savoir quel est ce danger dont vous parliez tout à l'heure ?

— J'ai besoin de connaître votre vie, répliqua Brian ; j'ai besoin de vous entendre parler de vous, pour savoir jusqu'à quel point je suis coupable.

— Pourquoi m'avoir interrompu tout à l'heure, alors ? reprit en souriant la belle fille : — je voulais tout vous dire... j'étais si joyeuse d'ouvrir mon âme entière à vos regards !... Au lieu de m'écouter, vous m'avez interrogée... vous m'avez demandé si j'étais digne de votre amour... Oh! Brian, pouvais-je répondre? moi qui ne crois pas qu'il y ait au monde une femme digne de vous !

Lancester devint triste et baissa la tête. Il se repentait de ses soupçons comme d'un crime. Certes, sur dix Anglais, sur dix hommes pris en n'importe quel pays, neuf pour le moins ne se seraient pas contentés des explications vagues de Susannah, en présence du mystère de sa position, et pourtant Brian se croyait coupable d'avoir douté. Sa froideur, désormais échauffée jusqu'à l'exaltation, mettait dans son amour une fleur de délicatesse qu'on ne trouve plus en nos mœurs prudentes et réfléchies. — Cet homme-là, d'ailleurs, devait faire toujours mieux ou plus mal qu'autrui, parce qu'il ne pouvait point faire comme autrui.

L'excentricité était sa nature, et non pas un manteau péniblement drapé, comme il arrive pour les trois quarts et demi des *eccentric gentlemen.*

— Hâtons-nous donc, reprit Susannah. L'espionage qui m'obsède a momentanément cessé, car, si l'on nous avait écoutés, la vengeance des hommes qui me traitent en esclave ne se serait pas fait attendre si long-temps... Je vais vous dire ma vie d'abord, Brian, toute ma vie... Je vous dirai ensuite ce que je sais sur cette association puissante et mystérieuse dont le pouvoir nous envelope et pourrait nous briser.

Dans le cabinet noir, la petite Française dormait sous la chaude ouate de sa douillette de satin.— Elle rêvait toujours qu'elle veillait et que Brian contait à Susannah l'ingénieuse histoire de Robinson Crusoé, jeté par la tempête dans une île déserte.

Il y avait long-temps que la petite Française n'avait lu *Robinson Crusoé*, aussi écouta-t-elle avec beaucoup d'intérêt le récit de ses aventures.

Susannah se recueillit un instant et commença.

XI

UN BAISER EN SONGE.

Il y avait dans la maison de mon père, dit Susannah, dans Goodman's-Fields, un petit jardin où s'élevaient douze beaux arbres, — douze grands chênes, milord, comme ceux qu'on voit dans les parcs du roi. Il n'y avait que cela dans le jardin.

J'étais toute petite. — Du plus loin que je me souvienne, je me vois, jouant sur le gazon, au pied des grands arbres qui, plantés en rond, me cachaient les maisons environnantes et ne me laissaient apercevoir que le ciel gris de Londres et parfois le soleil, empourpré par le brouillard.

Je jouais seule, toujours seule. — Il y avait des jours où, à travers les carreaux de nos croisées, je regardais, en pleurant, les jeunes filles qui riaient et se poursuivaient gaîment sur la belle pelouse du square. Comme elles semblaient heureuses, ces jeunes filles ! leurs jolies joues roses souriaient toujours, et j'entendais derrière le grillage de ma prison leurs petits cris joyeux.

J'étais triste. — Une ou deux fois, dans ce temps, je me souviens d'avoir pleuré amèrement, en devinant les bonheurs de la liberté. Mais je me résignai bien vite. J'étais forte, milord, plus forte qu'à présent, et je me consolais en pensant que ces jeunes filles auraient bien voulu peut-être vivre dans les salons dorés de mon père.

Je ne sortais jamais. — Il n'y avait dans la maison que mon père, une presbytérienne, nommée Tempérance, qui s'enivrait du matin au soir, et un domestique nommé Roboam.

Roboam était muet.

Tempérance remplissait auprès de moi l'office de femme de chambre ou de bonne, si mieux vous aimez. Elle avait défense de me parler, et mon père la menaça un jour de la tuer sans miséricorde, parce que, dans son ivresse, elle m'avait adressé devant lui quelques mots bizarres et dont le sens obscur glissa sur ma jeune intelligence.

Mais les mots eux-mêmes sont restés dans ma mémoire, comme les moindres incidens de cette époque de mon enfance. Il s'agissait d'un lord méchant et cruel... d'un comte, je pense... qui avait abandonné sa fille, et d'une pauvre femme qui pleurait son enfant de l'autre côté de la Clyde.

Maintenant que j'y songe, c'étaient sans doute des vers pris au hasard dans quelque ballade écossaise.

Tempérance n'eut garde de recommencer. Mon père lui faisait peur; chaque fois qu'elle l'apercevait, elle tremblait comme la feuille, et ses joues rougies par le gin devenaient pâles. C'était une grande fille aux membres masculins, à la physionomie hébêtée. Son travail se bornait à m'habiller et à mettre en mouvement la balançoire où je me berçais durant des demi-journées entières sous les chênes du jardin.

Le reste du temps, elle buvait ou elle dormait. Je crois que c'était une créature sans fiel et capable d'une bonne action.

Roboam servait à table. Son mutisme n'était pas une infirmité de naissance, car il portait sur son visage ces traces d'une mutilation barbare, que j'ai pu remarquer plus tard en Orient, chez les malheureux dont se servent les musulmans je ne sais pourquoi, et les juifs pour leurs serets sacrifices.

C'était, du reste, un véritable esclave. Mon père le battait. — Il a fait pendre mon père.

Vous connaissiez mon père, milord. Je vous ai vu souvent venir dans la maison de Goodman's-Fields.—Mais vous y vîntes seulement bien des années après l'époque dont je vous parle. Ismaïl Spencer était alors un jeune homme. Je ne puis me souvenir de lui qu'avec un sentiment de terreur. Je crois voir encore ses yeux perçans attachés sur moi avec leur expression d'indéfinissable raillerie. Il ne m'aimait pas, bien qu'il me jetât parfois en passant un sourire, et que, depuis lors, il ait passé de longues heures à me conter les enivrantes délices des mœurs orientales, à m'enseigner que le devoir de la femme est de plaire, de séduire et d'obéir...

Moi, je l'aimais. J'aimais Tempérance aussi, et j'avais pitié du pauvre muet Roboam.

Mon père restait quelquefois trois ou quatre jours sans me voir. Ce n'était pas qu'il fût absent, mais il se tenait alors dans une autre partie de la maison où il ne m'était pas permis d'entrer. Je demeurais seule alors avec Tempérance et Roboam. Roboam sculptait de petits morceaux de bois dur dont j'appris la destination plus tard. Tempérance buvait du genièvre jusqu'à ce qu'elle tombât, inerte, sur le parquet.

Moi, je courais sous les grands arbres avec ma biche. — Je ne vous ai pas parlé de ma biche, Brian, ma pauvre Corah, qui était si douce, si belle, et qui m'aimait tant! mon père l'avait amenée dans notre petit jardin, et Roboam lui fit une cabane en planches. J'eus bien peur d'abord, mais Ismaïl me poussa près d'elle et Corah se coucha, si gracieuse, à mes pieds, que j'osai tendre ma petite main pour la toucher.

Corah lécha ma main. — C'était la première fois de ma vie que je recevais une caresse. Je fus heureuse plus que je ne l'avais été jamais. Je me jetai au cou de Corah dont j'embrassai la joue fauve avec transport.

Mon père se prit à rire. Ce rire me glaça.

— Ce sera désormais votre compagne, Suky, me dit-il; elle ne sortira plus de ce jardin.

Je devins triste. D'où venait-elle cette charmante créature qu'on renfermait dans ma prison? Elle semblait à l'étroit entre les murs du jardin, qu'elle parcourait en tous sens comme pour chercher une issue.

Sans doute hier encore elle était libre comme ces jeunes filles qui couraient joyeusement sur le gazon de Goodsman's-Fields.

Moi, du moins, je n'avais jamais été libre.

Mon père sortit du jardin, Corah revint se mettre à mes pieds. Je lui parlai comme si elle eût pu me comprendre ; — elle ne savait pas répondre, Brian, mais elle savait pleurer. Au moment où le soleil se cachait derrière les murailles du jardin, elle se dressa sur ses jarrets, poussa un gémissement et leva sa tête tant qu'elle put pour respirer l'air du dehors. Deux grosses larmes roulèrent sur les poils lisses et courts de sa joue.

Toute cette nuit-là, au lieu de dormir, je pensai aux choses que je ne pouvais atteindre, — au dehors, à la liberté, dont j'ignorais le nom, mais que je comprenais vaguement, toute pleine de délices inconnues.

Puis, lorsque le sommeil vint, je rêvai que je jouais, moi aussi, sur le gazon d'un beau square, avec des jeunes filles que j'aimais et qui m'aimaient.

Susannah s'arrêta pensive. Brian, qui jusque-là l'avait écoutée avec un muet étonnement, profita de ce moment de silence.

— Vous n'avez donc point connu votre mère, Susannah ? demanda-t-il.

—Non, répondit la belle fille ; mon père m'a parlé d'elle... c'était pour m'exhorter à la haïr...

Brian fit un geste de surprise.

—Haïr votre mère ! répéta-t-il ; — mais

n'avez-vous pas de plus lointains souvenirs que les paroles de votre père ?

— Non, dit encore la belle fille.

— N'y avait-il point de femme auprès de votre berceau ?

— Tempérance, répondit Susannah, — qui buvait et qui dormait.

— Et quel âge aviez-vous au temps dont vous me parlez ?

— Je ne sais... Il y a de cela dix ans, et je pense avoir dix-huit ans.

Brian se tut. Susannah se recueillit un instant, puis son beau visage s'éclaira d'un reflet de bonheur et elle reprit tout-à-coup :

— Que je vous raconte un mystérieux événement, milord, qui vint rompre à cette époque la monotonie de ma réclusion... ce fut peut-être un rêve... je n'en eus jamais depuis de si doux, et chacun de ses détails est resté gravé au fond de mon cœur... Long-temps, bien long-temps, lorsque je voulais être heureuse, je fermais les yeux et appelais à moi par la pensée ce rêve ou ce souvenir.

C'était un soir. Ismaïl n'était pas venu dans la partie de la maison habitée par moi depuis deux jours. Je me trouvais au parloir, où je m'étais endormie, la tête sur l'épaule de ma biche Corah. Quand je dormais ainsi, Corah restait immobile durant des heures entières et ne bougeait qu'à mon réveil... Cette fois, pourtant, elle fit un mouvement qui souleva ma paupière et je vis... dormant toujours ou éveillée, je ne sais, — une femme qui se glissait dans le parloir, suivie de Tempérance.

Que cette femme était belle, milord, et qu'il y avait de bonté sur son doux visage ! Mon cœur s'élança vers elle dès que je la vis ; mais je n'osai bouger, retenue que j'étais par la sauvagerie de l'enfance, augmentée chez moi par une continuelle solitude.

Je tins mes yeux demi-clos et fis semblant de sommeiller.

Tempérance et la belle dame s'arrêtèrent au milieu du parloir ; — les flancs de Corah frémissaient sous moi, parce que Corah était sauvage aussi et qu'elle avait peur à la vue d'une étrangère...

J'étais trop enfant, n'est-ce pas, milord, pour inventer de pareils détails? Tempérance et mon père m'ont trompée. J'ai vu cette femme; j'ai senti Corah tressaillir : ce n'était pas un rêve !

Le regard de Susannah se releva sur Brian et interrogea son visage.

— Comme vous eussiez aimé votre mère ! murmura Lancester avec émotion.

— Vous pensez donc que c'était un rêve? demanda tristement la belle fille.

—Je pense que Dieu a été miséricordieux

envers moi et que je ne méritais pas votre amour, Susannah... Continuez, oh! continuez à me dire votre vie... Je commence à comprendre ce que vous êtes... je commence à deviner ce mystérieux et divin travail qui a fait croître un ange là où l'on n'avait jeté que des semences infernales...

— Hélas! milord, dit Susannah en secouant la tête, vous ne vous souvenez donc plus que je suis une malheureuse esclave entre les mains de gens pervers et forts, — un instrument funeste...

Brian lui prit la main et l'interrompit en souriant.

— Vous êtes une pauvre enfant trompée,

répliqua-t-il ; nous sommes à Londres, Susannah, où deux millions de regards sont ouverts, à Londres où le crime existe, sans doute, mais où tout pouvoir occulte et presque magique comme celui dont vous m'avez parlé vaguement est impossible... Il y a des gens qui veulent se servir de vous dans un but que j'ignore et que nous devinerons, voilà la vérité... Mais ces gens n'étaient forts que de votre ignorance, madame...

— Prenez garde, milord !..... j'ai vu des choses...

— Vous me direz tout cela, Susannah, reprit Brian. D'ailleurs, ajouta-t-il de ce ton badin qu'on prend avec les enfans pour s'accommoder à leurs chimériques frayeurs, — si ce sont des géants nous les pourfendrons, madame, et si ce sont des diables nous tâcherons de les exorciser.

Il se leva, ouvrit l'une après l'autre les deux portes du boudoir et constata que les deux pièces voisines étaient désertes.

— Et d'abord, reprit-il encore en venant s'asseoir, — ne craignez plus ces fantastiques espions qui vous causent tant d'épouvante. Il n'y a que dans les vieux livres, madame, qu'on voit des murs ayant des oreilles.

Si madame la duchesse douairière de Gêvres n'eût point dormi en ce moment du sommeil de l'innocence, elle eût fait mentir, à coup sûr, la sentencieuse assurance de l'honorable

Brian de Lancester ; mais la petite Française
poursuivait en rêve les aventures à jamais cé-
lèbres de Robinson Crusoé. Elle était arrivée
justement à ce passage où le téméraire navi-
gateur se fait un chapeau de peau de bouc et
un parasol de la même étoffe. Madame la
duchesse de Gêvres le trouvait fort original
sous ce costume, et pensait, avec quelque
apparence de raison, que Crusoé se couvrant
de fourrures pour éviter le soleil ressemblait
un peu à Jean de Nivelle qui fait le plongeon
de peur de la pluie.

C'était l'opinion de madame la duchesse
douairière de Gêvres : mais Robinson était un
homme de grand sens, et, jusqu'à plus ample
informé, nous conserverons pour lui, son

bonnet et son parasol, notre considération la plus distinguée.

Susannah ne semblait point partager entièrement la confiance de Brian. Néanmoins, je seul fait d'avoir pu parler ainsi librement pendant la plus grande partie d'une heure, lui prouvait que la surveillance se ralentissait. Elle reprit :

— Vous ne sauriez croire, Brian, combien le tiendrais à pouvoir penser que cette belle dame, à l'air si bienveillant et si doux, n'était point une vision. C'est le seul souvenir heureux que j'aie gardé de mon enfance.

Elle me contemplait avec des yeux ravis.

— Qu'elle est jolie ! disait-elle d'un air triste et joyeux à la fois.

Tempérance n'avait pas bu ce soir-là par extraordinaire.

— Madame, c'est tout votre portrait ! répondit-elle.

On entendit un bruit de pas au bout du corridor sur lequel s'ouvrait le parloir.

— Allez-vous-en, madame, allez-vous-en ! s'écria Tempérance qui devint pâle, malgré la couche empourprée que le gin avait mis sur sa joue ; — au nom de Dieu allez-vous-en !

La dame fit un mouvement pour se retirer ; mais quelque chose la retint, et, repoussant les efforts de Tempérance qui voulait l'entraîner, elle s'élança vers moi et me pressa convulsivement contre son cœur.

Vous dire ce que j'éprouvai en cet instant serait impossible, milord. Mon âme se fondit; des larmes emplirent mes yeux : je ne voyais plus rien.

Oh! ce ne pouvait pas être un rêve; car, voyez, Brian, me voilà qui pleure à la seule pensée de ce baiser, l'unique baiser que j'aie senti, doux, sur mon front... Oh! oui! vous avez raison... Que j'aurais aimé ma mère, milord!

— Mais c'était elle! s'écria Lancester; c'était votre mère, milady... votre mère, qu'on avait sans doute éloignée de vous violemment...

Susannah joignit ses mains et jeta les yeux au ciel avec passion.

— Ma mère! répéta-t-elle comme si ce mot eût affecté délicieusement ses lèvres au passage; — ma mère!... j'aurais vu ma mère!

Elle se laissa glisser sur le rebord du sofa et tomba à genoux.

—Mon Dieu! mon Dieu! murmura-t-elle; — faites qu'elle soit heureuse... bien heureuse... Et faites qu'avant de mourir je puisse encore sentir sur mon front les lèvres de ma mère!...

— Ma vie est à vous, madame, dit Lancester en la relevant; — le temps que je donnais à ma rancune ou à mes folies, je vous le donnerai désormais sans réserve... Nous chercherons... Et, si trouver votre mère est une chose possible, nous la retrouverons, Susannah.

Elle tourna vers lui son regard plein de larmes.

— Dieu m'exauce, reprit-elle, puisqu'il me donne votre aide, Brian... Dités-moi encore que nous la retrouverons...

— Sur mon honneur, j'y tâcherai, madame!... Et puis, nous parlerons d'elle... Nous laisserons de côté tous vos souvenirs de douleur pour penser seulement à ce souvenir heureux et aux espoirs qu'il fait naître.

— Oh ! vous êtes bon, milord ! dit Susannah dont le regard humide s'emplit d'une reconnaissance infinie ; — oui... nous parlerons d'elle... nous chercherons...

Elle prononça ce dernier mot avec effort, puis elle se tut, perdant le sourire qui brillait sous ses larmes. Ses yeux se séchèrent tout-à-coup et devinrent brûlans.

— Non ! non !... reprit-elle avec un découragement amère ; — vous m'entraînez dans de folles illusions, milord... Ne sais-je pas bien que je n'ai point de mère... En vain j'essaie de donner un corps à ce souvenir unique et vague... La vérité revient, Brian... la vérité qui navre et qui désespère... ce n'était qu'un rêve !

— Je ne puis croire... commença Brian.

— Ecoutez! lorsque cette bouche amie toucha mon front, je poussai un cri de joie et je tendis mes petits bras afin de rendre étreinte pour étreinte.... Hélas! mes bras se refermèrent sur le vide. — Il n'y avait plus au dessus de moi de belle dame penchée pour me donner un baiser. — J'ouvris les yeux : une obscurité profonde était dans la chambre.

J'entendis s'éloigner, il est vrai, un pas furtif, mais ce devait être Tempérance.

Presque aussitôt la voix menaçante de mon père éclata à la porte du corridor. Je ne pouvais comprendre ce qu'il disait parce qu'il parlait à Tempérance dans une langue à moi inconnue. J'ai su depuis que c'était le patois de l'Irlande occidentale. — Tempérance répondait d'une voix tremblante. Ismaïl menaçait toujours.

Enfin, la pauvre fille poussa des cris perçans, et, parmi les cris, j'entendis la main de mon père retomber sur elle lourdement et à plusieurs reprises.

Quand on ralluma la bougie, je vis Tempérance étendue sur le parquet, le visage sanglant et tuméfié. — Ismaïl la frappait souvent ainsi. Je m'approchai d'elle pour la consoler : mon père me repoussa rudement.

— Avez-vous bien dormi, Suky? me demanda-t-il.

— Je ne dormais pas, monsieur, répondis-je, et j'ai vu...

— Vous me conterez votre rêve une autre fois, Suky... Mais ne dormez plus ainsi sur le carreau : les soirées sont froides et, — vous voyez, — vous êtes cause que je suis obligé de châtier Tempérance.

— Quoi ! m'écriai-je, c'est pour moi !...

— Écoutez, Suky, reprit Ismaïl avec son méchant sourire ; — car lorsqu'il souriait,

Brian, je me sentais toujours frémir et avoir peur; écoutez, — ne dormez plus dans le parloir, ma fille... et... quand vous aurez comme cela des rêves, venez me les conter tout de suite... Le ferez-vous, Suky?

Une question de mon père, milord, c'était toujours un ordre ou une menace. Je courbai la tête et me mis à trembler.

— Le ferez-vous? répéta Ismaïl en me secouant le bras.

— Je le ferai, monsieur.

— Oui, Suky; vous êtes une bonne fille... Et d'ailleurs, si vous ne le faisiez pas, je tuerais votre biche.

Cette menace me serra le cœur et alluma en moi une indignation qui était au dessus de mon âge. Je n'avais au monde, pour m'aimer, que ma pauvre Corah, milord. — Pour la première fois je regardai Ismaïl en face et ses sourcils froncés ne me firent pas baisser les yeux.

— Si vous voulez tuer Corah, je la défendrai, répondis-je.

Il me frappa doucement sur la joue.

— Bon sang ne peut mentir ! murmura-t-il, — ou quelque chose de ce genre, dont le sens proverbial, je pense, m'échappa en ce temps et n'est point encore pour moi bien précis.

— Suky, ajouta-t-il en reprenant son sérieux, si vous défendez votre biche quand je voudrai la tuer, ma fille, je vous tuerai toutes les deux.

Brian tressaillit sur le sofa.

— Le misérable ! prononça-t-il involontairement.

— Il est mort, dit lentement Susannah ; — et il était mon père, milord... Quand il fut sorti, je m'approchai de Tempérance, qui gisait sur le parquet, et j'essayai de la relever.

— Du gin ! me dit-elle avec sa voix rauque et cassée.

J'allai chercher du genièvre. Elle but avidement et à plusieurs reprises.

Quand elle eut bu, elle se mit à chanter.

Je lui demandai instamment et à genoux quelle était cette belle lady qui s'était penchée sur moi pour m'embrasser.

Elle éclata de rire et but encore.

Puis, au lieu de se relever, elle s'étendit tout de son long dans la poussière en disant :

— Le juif me bat, mais il me laisse boire... Que me font les coups, à moi, quand j'ai du gin ?

— Tempérance, bonne Tempérance! m'écriai-je, — répondez-moi, par pitié.

— Quand j'ai du gin, je ne crains pas les coups, répéta-t-elle; — qu'il frappe, le juif, je boirai!...

FIN DU QUATRIÈME VOLUME.

TABLE.

DEUXIÈME PARTIE.

LA FILLE DU PENDU.

I. — L'Hôtellerie du roi George	3
II. — Deux Anges au bord d'un précipice.	31
III. — La Lanterne jaune.	63
IV. — Un Abordage.	93
V. — Belgrave-Square.	125
VI. — Diplomatie.	159
VII. — Politique.	191
VIII. — Solitude.	227
IX. — Ruby.	259
X. — Sentinelle endormie.	291
XI. — Un Baiser en songe.	325

En vente chez les mêmes Éditeurs.

LE DOCTEUR ROUGE

PAR JEAN LAFITTE,

Auteur des Mémoires de Fleury.

3 vol. in-8°. — Prix : 22 fr. 50 c.

LA JEUNESSE

D'ÉRIC MENWED

Roman historique, traduit du danois d'INGEMANN,

PAR W. DUCKETT.

4 vol. in-8°. — Prix : 30 fr.

Imprimerie de Bourk et Cⁱᵉ, rue Coq-Héron, 3.

www.ingramcontent.com/pod-product-compliance
Lightning Source LLC
Chambersburg PA
CBHW050252170426
43202CB00011B/1655